Sarah Rossbach

INTRODUCCIÓN AL
FENG SHUI

Traducción de Elizabeth Casals

Sarah Rossbach

INTRODUCCIÓN AL
FENG SHUI

Emecé Editores

159.98   Rossbach, Sarah
ROS   Introducción al Feng Shui. - 1a ed. -
           Buenos Aires : Emecé, 2000.
           232 p. ; 20x13 cm. - (Divulgación)

           ISBN 950-04-2186-0

           I. Título - 1. Autoayuda

Emecé Editores S.A.
Alsina 2062 - Buenos Aires, Argentina
E-mail: editorial@emece.com.ar
http://www.emece.com.ar

Título original: *Feng Shui. The Chinese Art of Placement*
Copyright © *Sarah Rossbach, 1983*
First published in the United States under the title Feng Shui *by Sarah Rossbach.*
Publicado mediante convenio con Dutton, a division of Penguin Putnam Inc.
© *Emecé Editores S.A., 2000*

Diseño y fotografías de tapa: *Eduardo Ruiz*
Fotocromía de tapa: *Moon Patrol S.R.L.*
Primera edición: 8.000 ejemplares
Impreso en Printing Books,
Gral. Díaz 1344, Avellaneda, noviembre de 2000

IMPRESO EN LA ARGENTINA / PRINTED IN ARGENTINA
Queda hecho el depósito que previene la ley 11.723
I.S.B.N.: 950-04-2186-0
23.583

*Dedicado a quienes estuvieron en el sitio correcto,
en el momento adecuado.*

PRÓLOGO

En 1977, en ocasión de hallarme viviendo y trabajando en Hong Kong, comencé a tomar clases de chino con un hombre llamado Lin Yun. Corrían rumores en la colonia sobre su pericia en el arte denominado feng shui. Yo sabía que, literalmente, *feng shui* quería decir "viento" y "agua" —hasta ahí llegaba mi conocimiento— pero más allá de eso, sabía apenas que tenía algo que ver con el ambiente de un lugar. Lin Yun y yo comenzábamos nuestra clase en el opulento salón estilo colonial del Península Hotel, mientras bebíamos jugo de naranja y comentábamos las hazañas del presidente Mao, pero a menudo nuestros diálogos eran sumamente breves pues a cada rato un botones del hotel se paseaba por los inmensos salones con un cartel en la mano, haciendo sonar un timbre, pues buscaba a Lin Yun. Cuando éste volvía a la mesa, me decía: "Esta clase no me la pague. Tengo que ir a mirar la tumba de la madre de un amigo. ¿No quiere acompañarme?"

Entonces yo cerraba mi libro de texto y salíamos a cumplir con sus rondas de feng shui: a la casa de un periodista norteamericano que tenía problemas matrimoniales, a la tumba de la madre de un inversionista cuya cartera de valores corría peligro, a la tienda de un joyero adonde habían entrado los ladrones, incluso a la casa de un médico que padecía de insomnio y migrañas.

En el curso de esas clases, poco a poco empecé a entender qué significa realmente el misterioso "feng shui". Comprobé que es una mezcla de significación mística, sentido común y —a veces— buen gusto. Me enteré de que puede abarcar todo, desde sillas hasta rincones, desde la arquitectura a la astrología, usada para decidir la fecha de una boda, un festival, un entierro, una fiesta y hasta de tareas mundanas tales como talar un árbol o cortar el césped de un jardín. Pero es más que eso: se trata de un eco-arte vinculado con la conservación, la ecología, la orientación y el diseño espacial; en resumidas cuentas, cómo y dónde debe ubicarse el hombre o construir su refugio en este anchuroso mundo. Es también un modo de definir la posición de uno en el universo físico, y luego mejorarla. Descubrí, además, que el feng shui nos promete todo lo que una persona podría llegar a desear: tener una familia feliz, un buen matrimonio, una vida saludable y prolongada, una carrera de éxito, fortuna, buena suerte... En su espectro más amplio, el feng shui nos enseña a ubicarnos mejor dentro del universo.

La mayor parte de la inspiración para escribir este libro proviene de Lin Yun. Si bien cada persona que practica este arte milenario tiene un enfoque diferente, el buen feng shui lo obliga a comportarse como filósofo, psicólogo, médico, sacerdote confesor y diseñador de interiores, todo en uno. Lin Yun es de los más renombrados adeptos a este complejo arte que aún viven.

Profesor de mandarín durante el día y experto en feng shui de noche, Lin Yun comenzó su capacitación a los dieciséis años de edad. Nacido en Pekín en 1932, solía jugar con sus amigos en los terrenos de un templo budista próximo a la casa de sus padres. Vivían allí varios lamas pertenecientes a la secta tántrica del Gorro Negro, una orden mística del budismo tibetano. Un día, un monje se acercó a los niños y se ofreció para darles clases de religión. Pese a que sus amigos salieron corriendo, Lin Yun se atrevió a acercarse y escuchar lo que el monje le decía. Fue así como, durante los nueve años siguientes, Lin Yun recibió instrucción en los escritos y prácticas de la secta, es decir, en las artes místicas tibetanas tántricas, como también en las enseñanzas y los textos tradicionales chinos, por ejemplo el *I Ching* y el feng shui. Luego estudió derecho, filosofía y planeamiento urbano, y se ha dedicado a dar conferencias sobre feng shui en los Estados Unidos.

En los primeros capítulos de este libro se brinda un panorama general de la tradición, la historia y el método que comparten todos los expertos en feng shui. Los últimos capítulos describen el tratamiento que Lin Yun da al feng shui: su práctica, sus enseñanzas y experiencia.

El feng shui me resultó atrayente, aunque para ser sincera, reconozco que al principio me inspiró cierto escepticismo. No sé cómo ni por qué funciona —no soy científica— pero sí sé que durante miles de años les ha dado muy buenos resultados a muchas personas. Y después de estudiarlo cinco años, he visto salvarse matrimonios, he visto a personas forjar una carrera, he visto restaurantes tener un buen rendimiento. Podrá decirse que es simple coincidencia, pero yo puedo asegurar que funciona, y bien.

Querría expresar mi agradecimiento a las siguientes personas que fueron generosas con su tiempo, su saber y su hospitalidad: Vivien Chang, Tong Yifang, Suzanne Green, Lynne Curry, Lucy Lo, Sylvia Edgar, Eric Cumine, Tao Ho, David Lung, Di-mon Lu, Veronica Hwang Li, Doris Wang, la señora Margery Topley, Mike Chinoy, Shao Fon-fon, John Warden, James Hayes, Robert Upton, John Chu, Barbara Butterfield, Rockwell Stensrud, Ching Cruz, George Lee, el doctor William Whitson, David Keh, Johnny Kao, George Hsu, la Hong Kong Tourist Association, el Ossabaw Island Project, Georgia, Ju Mu, Christine Douglas, Ernie Munch, Penny Coleman, dos expertos en feng shui provenientes de Hong Kong, Choi Pak-lai y Chen To-sang, y un exhumador y adepto del feng shui, oriundo de Singapur, Tan Chat Lung.

Deseo extender mi especial agradecimiento a Spencer Reiss por leer este manuscrito en todas sus encarnaciones, a David Acheson por sus comentarios sobre arquitectura y sus dibujos, a Glenn Cowley por sus consejos y su aliento, y a la extinta June Shaplen, por el apoyo que me brindó en todas las etapas de la escritura. Pero fundamentalmente un agradecimiento especial a Lin Yun por su tiempo, sus conocimientos y su paciencia para con este proyecto, y sin quien jamás podría yo haberlo escrito.

SARAH ROSSBACH

Nueva York, 1983

CRONOLOGÍA

Shang	c. 1766 – c. 1123 a.C.
Chou	c. 1122 – 256
Ch'in	221 - 207
Han	202 a.C. – 221 d.C.
Seis dinastías	221 – 581
Sui	581 – 618
T'ang	618 – 906
Cinco dinastías	907 - 960
Sung	960 – 1279
Yüan (mongoles)	1260 – 1368
Ming	1368 – 1644
Ch'ing (manchúes)	1644 – 1912
República	1912 –
República popular	1949 –

GLOSARIO

amah: Enfermera o sirvienta china

ba-gua: Símbolo octogonal del *I-Ching*, con ocho trigramas.

chi: Hálito cósmico, energía humana.

chung-guo: "El reino del medio", China.

chu-shr: Lo que está fuera del espectro de nuestra experiencia, es decir, las curas ilógicas.

feng shui: Traducido literalmente como "viento" y
"agua", es el arte chino de ubicar las cosas en el espacio.

jusha: Un polvo místico/medicinal de color rojo, no
comestible.

karma: El concepto budista según el cual a nuestro
destino lo determinan nuestras buenas y malas ac-

ciones, realizadas en esta vida y en vidas anteriores.

li: Milla china.

ling: Partículas de chi humano embrionario transportadas por el aire.

lo: Palabra cantonesa que significa "sacerdote".

ru-shr: Lo que se conoce, dentro de nuestro campo de experiencia, es decir, las curas lógicas.

Tao, Taoísmo: "El camino", concepto filosófico de unidad. Religión y filosofía que derivan de este concepto.

tsai: "Alimento" y "dinero".

Tun Fu: Ceremonia. Rito para aplacar a los espíritus.

tzu wei: La estrella del norte.

yin y yang: El concepto taoísta que une todos los opuestos.

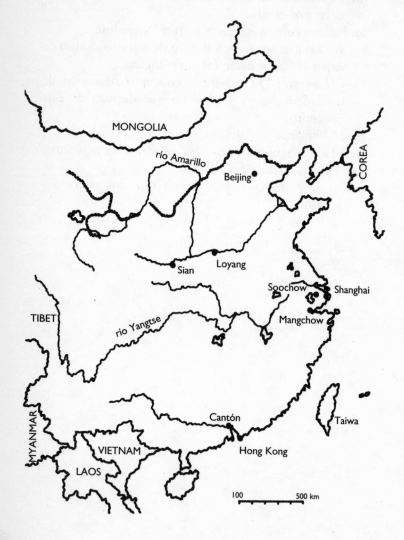

Mapa de China

Uno

INTRODUCCIÓN: CÓMO EXPLICAR EL FENG SHUI

Los chinos suelen adjudicar el éxito o el fracaso no tanto a los actos humanos, sino más bien a la obra de misteriosas fuerzas de la tierra. Se considera que estas fuerzas, conocidas como *feng shui* —literalmente, "viento" y "agua"— son las que determinan la salud, la prosperidad y la buena suerte. Los antiguos emperadores chinos consultaban a expertos en feng shui antes de iniciar obras públicas de envergadura o de declarar una guerra. El ascenso de Chiang Kai-shek al poder puede atribuirse al feng shui excepcionalmente bueno de la tumba de su madre; su caída se atribuye a que los comunistas posteriormente la extrajeron de la tierra. Hay quien dice que la prematura muerte de Bruce Lee, el rey del kung-fu, se produjo porque vivió en una casa aciaga.

Aunque oficialmente se lo ha suprimido en la República Popular China, el feng shui sigue siendo muy practicado, aunque subrepticiamente, en la actualidad, sobre todo en las zonas de campo. Prospera en Hong Kong, donde a menudo lo utilizan, en una forma u otra, los chinos y hasta algunos occidentales. Ha comenzado a difundirse en los Estados Unidos. Un funcionario del Banco de Hong Kong y Shangai declaró: "Si mis clientes creen en eso, pues yo también".

Pese a todo el misterio que lo rodea, el feng shui surgió de una simple observación: cómo la gente resulta afectada para bien o para mal, por el entorno, por la disposición y orientación del hogar y el lugar de trabajo. Asimismo, los chinos han advertido desde tiempos inmemoriales que ciertos entornos son mejores, más provechosos o propicios que otros. Cada colina, cada edificio, pared, ventana y rincón, y la forma en que están colocados con respecto al viento y al agua, producen cierto efecto. Así, sacaron en conclusión que si uno modifica el medio que lo rodea, puede por ende producir cambios en su vida. El objetivo del feng shui sería, entonces, el de modificar y armonizar el ambiente —las corrientes cósmicas conocidas como el *chi*— para mejorar la suerte.

En términos generales, puede decirse que se ha usado el feng shui en espacios que van desde el tamaño más pequeño —un dormitorio, por ejemplo, o incluso para la ubicación de un sillón— hasta el más amplio, la dimensión cósmica. Sus raíces filosóficas abarcan todo un espectro del pensamiento chino, desde el taoísmo y el budismo hasta la magia rural. Funciona en varios planos: supersticioso y práctico, sagrado y profano, emocional y físico. Hay quienes hasta trazan paralelos con la psicología y el pensamiento científico de Occidente, y creen que su metafísica opera de modo similar al de la física moderna, uniendo toda la materia y toda la mente en una única teoría unificada. Dice Carl Jung: "La mente china de antaño contempla el cosmos de una manera comparable a la del físico moderno, que no puede negar que su modelo del mundo es una estructura decididamente psicofísica"[1].

En la práctica, el feng shui tiene algo de ciencia y algo de arte. Los occidentales a menudo lo llaman *geomancia*[2], pero ambos no son siempre idénticos. El feng shui abarca más que la geomancia. Además de servir para arreglar la vivienda de manera de producir el mayor confort para la mente y el cuerpo, el feng shui incluye también aspectos astrológicos y otros de carácter parapsicológico. Los expertos analizan la orientación (a menudo con ayuda de una brújula cósmica), las configuraciones y yuxtaposiciones. Lin Yun, un renombrado experto en feng shui oriundo de Hong Kong, explica: "Yo adapto casas de modo de armonizar las corrientes del chi", refiriéndose a la naturaleza del hombre y el hálito cósmico. "La forma de las camas, la forma y altura de los edificios, como también la orientación de los caminos y los rincones modifican el destino de una persona". Teniendo eso en mente, en un concurso internacional de diseño para construir un complejo multimillonario en Hong Kong, junto con las especificaciones técnicas se tomó en cuenta, en forma muy especial, también el feng shui.

1. Carl Jung, Prólogo de *The I Ching or Book of Changes,* traducido por Richard Wilhelm (Princeton, N.J. Princeton University Press, 1950), pág. XXIV.
2. La definición que da el *Oxford English Dictionary* es: "El arte de la adivinación por medio de signos derivados de la tierra, como, por ejemplo, la figura que forma un puñado de tierra que se arroja sobre determinada superficie; de ahí que habitualmente sea la adivinación por medio de líneas o figuras formadas dibujando una cantidad de puntos al azar sobre un papel".

Los honorarios que se cobran por el asesoramiento basado en este arte varían enormemente. Choi Paklai, uno de los sacerdotes del feng shui más afamados de Hong Kong, cobra por una consulta un promedio de sesenta centavos por pie cuadrado. Shau Fon-fon, que cursó estudios universitarios en los Estados Unidos pero ahora es actriz y empresaria en Hong Kong, se mudó a un departamento nuevo y más amplio, y gastó diez mil dólares en diseño de interiores, tres mil de ellos destinados al feng shui.

El feng shui es de uso tan habitual en Hong Kong, que se suele bromear con que quienes lo practican seguramente están confabulados con las empresas constructoras de edificios, o al menos deben de tener acciones en alguna fábrica de espejos (los espejos constituyen una de las principales curas de este arte). Ni siquiera el intercambio de productos básicos se salva. Un periodista bursátil comentó la notable mejoría notada en la bolsa del algodón luego de que se cambió una simple puerta que daba a un pequeño vestíbulo, y se puso en su lugar una puerta giratoria mediante la cual se accedía a una amplia plataforma de carga.

Si bien muy pocas de las personas que practican el feng shui en Hong Kong hablan inglés, se sabe que usaron los servicios de este arte milenario la Cámara Norteamericana de Comercio, la *Far Eastern Economic Review* y N. M. Rothschild, el banco mercantil británico. Ignatius Lau, un arquitecto de Hong Kong, asegura que, antes de construir ningún edificio oficial, el gobierno colonial británico consulta con sacerdotes locales del feng shui para cerciorarse de que las estructuras estén alineadas ritualmente con el viento y el agua. Hasta Maynard Parker, jefe de redacción de *Newsweek*, dice que, pese a que nunca se interesó mucho por el feng shui, cuando se enteró de que un departamento que estaba por comprar en Hong Kong tenía un feng shui desfavorable, desistió de la compra y buscó otro más propicio como vivienda.

El feng shui emigró a los Estados Unidos. Una mujer de Nueva York, luego de vivir durante diez años en un departamento lujoso, consultó a un experto en este arte. El pronóstico que él le comunicó no era alentador. Se le aconsejó que se mudara, si era que quería seguir con vida. A la semana siguiente ella así lo hizo, y tengo entendido que sigue viva. El artista gráfico Milton Glaser había padecido robos en su oficina en seis oportunidades, por lo que decidió enviar los planos respectivos a un experto de Hong Kong. Desde que puso en práctica los consejos —instalando un estanque con seis peces negros y colgando un reloj rojo— no se ha vuelto a producir ningún robo. En 1980, en la ciudad de Washington, antes de inaugurar su restaurante House of Hunan, en un predio donde antes había un negocio que se fundió, Johnny Kau encargó modificaciones edilicias por valor de 800.000 dólares, que sometió al asesoramiento de un experto en feng shui. Según sostiene, gracias a este arte, su negocio es floreciente. "Trabajamos mucho más de lo que esperábamos", comenta, paseando la vista por el local colmado de comensales, y una larga fila de clientes en espera.

Pese a su aspecto pragmático, el feng shui es en cierto sentido como una piedra de roseta que vincula al hombre y su entorno, las modalidades de antaño y la vida moderna. Interpreta el lenguaje que emplean las formas y fenómenos naturales, los símbolos y construcciones hechos por el hombre y la labor continua del universo, incluso las fases de la luna y la alineación de las estrellas. El feng shui es la clave para comprender el callado diálogo entre el hombre y la naturaleza, susurrado a través del hálito o espíritu cósmico: el chi.

El término chino *chi* se refiere a una fuerza o energía de vida que produce ondas en el agua, que crea montañas, insufla vida a las plantas, a los árboles y a los seres humanos, a la vez que impulsa al hombre en su curso de vida. Si el chi está mal orientado, puede haber perjuicios en la vida y la suerte del individuo. Así, éste se siente afectado por el chi, aunque tal vez no lo sepa.

Los expertos en feng shui cumplen la función de intuir, descifrar e interpretar el medio ambiente. Buscan patrones en la naturaleza y analizan la reacción humana ante ellos. Escuchan la sinfonía de datos interrelacionados y de invisibles poderes cósmicos que rigen el universo produciendo un efecto sobre nuestro cuerpo, nuestra mente y, en última instancia, sobre nuestro destino.

Dos

LOS ORÍGENES

Subo por el camino a la Montaña Fría
por el camino que nunca termina.
Los valles son largos, y cubiertos de
piedras sueltas,
los arroyos, anchos, y en sus orillas, una
tupida hierba.
El moho es resbaloso, aunque no ha llo-
vido;
los pinos suspiran, pero no es el viento.
¿Quién puede apartarse de las tentacio-
nes del mundo
y sentarse conmigo entre las nubes
blancas?
Entre mil nubes y diez mil arroyos

vive aquí un hombre perezoso.
De día vaga por la verde montaña,
de noche vuelve a su casa a dormir junto al precipicio.
Rápidamente pasan primaveras y otoños,
pero mi mente está en paz, libre de polvo y de engaño.
¡Qué agradable es saber que no necesi-
to nada en qué apoyarme,
quedarme quieto como las aguas del río
otoñal!

—Han-Shan, "Montaña Fría"[3]

Abundan en China los paisajes imponentes. Desde tiempos inmemoriales, los chinos han obtenido inspiración en las sinuosas cadenas de montañas escarpadas, con picos que se disuelven en un cielo brumoso, en ríos que serpentean atravesando valles y alimentando un entramado de parches amarillos y verdes, de extrañas formas, que son los arrozales. Los poetas del siglo XVIII homenajearon la naturaleza en verso, cortejaron Luna, cielo, montes y arroyuelos. Los pintores de la dinastía Tang (618-906 d.C.) ensalzaron la vastedad de la naturaleza, el poder y la paz: en rollos de seda, crearon panoramas en miniatura de picos altos, finas cascadas que caían en medio de nubes sobre terrazas y desfiladeros, minúsculas pasarelas cruzadas por sabios ermitaños más minúsculos aún. Los pensadores taoístas se convirtieron en discípulos de la naturaleza ideali-

3. Han-Shan, *Cold Mountain: 100 Poems by Han-Shan*, traducido por Burton Watson, Nueva York: Grove Press, 1962, págs. 58-79.

zándola, buscando la armonía con la "manera" natural, una identidad con el cosmos. Poetas, pintores y filósofos por igual, añoraban formar parte del gran plan, el de la armonía e inmortalidad de la naturaleza. De este respeto por la naturaleza provienen, en China, la primera religión (el taoísmo), la ciencia (la astronomía, la geología, el magnetismo y la alquimia), la superstición (la astrología, el chamanismo, la adivinación de la suerte) y, por último, una peculiar combinación de los tres: el feng shui.

EL HOMBRE Y LA NATURALEZA (Estilo chino)

Los chinos reconocían un vínculo mágico entre el hombre y el paisaje: la Naturaleza reacciona frente a cualquier cambio, el cual repercute en el hombre. Consideraban el mundo y a sí mismos como parte de un metabolismo sagrado. Todas las cosas pulsaban de vida. Todo dependía de todo lo demás. Los chinos creían compartir un destino con la tierra: cuando ésta era sana y próspera, ellos se enriquecían, en cambio cuando el equilibrio era destruido, ellos sufrían. Desde el punto de vista del feng shui, tenía sentido realzar el paisaje en lugar de dañarlo o destruirlo, arruinando así toda oportunidad de gozar de buena suerte y felicidad.

Las raíces del feng shui surgen de un modo de vida agrario primitivo, cuando el destino del hombre estaba inextricablemente unido a los caprichos y ciclos del cielo y de la tierra: al clima, a la fertilidad de la tierra, a las inundaciones, al acceso al agua y a la cantidad de sol. El hombre era vulnerable a la naturaleza; por lo tanto, velaba por ella.

Desde el emperador semidivino —el intermediario entre el cielo y la tierra— hasta el campesino trabajador, la preocupación de todos los años consistía en que las cosechas fueran abundantes. Tanto el soberano como el súbdito escudriñaban la naturaleza en busca de señales de sequía, de inundación o de hambruna. En la agricultura, el granjero dependía de la naturaleza como fuente de vida. En el gobierno, el emperador estudiaba la naturaleza para reafirmar su derecho a gobernar, el mandato divino. Desde la dinastía Chou (1122-256 a.C.), los emperadores elevaban plegarias al cielo para que su reino tuviera buenas cosechas, buena salud y paz. Un desastre natural significaba que un emperador había perdido el equilibrio entre el cielo y la tierra, dejándolo vulnerable a la derrota. Por ello confiaba en consejeros especiales, que buscaban e interpretaban presagios.

Por lo tanto, el control de las fuerzas creativas y destructivas de la naturaleza —el aprovechamiento del viento y el encauzamiento del agua— resultaba crucial. Un antiguo proverbio chino dice: "Quien puede controlar el agua, gobierna el imperio"[4]. La capacidad de un emperador de detentar el poder dependía de su control sobre las inundaciones, los ríos y los canales.

En China —una nación poco más grande que los Estados Unidos, incluyendo Alaska— las condiciones naturales varían mucho. En el norte de China, donde los vientos fríos azotan las casas, las montañas y los árboles hacen las veces de pantalla. En el sur, donde las inundaciones año tras año amenazan cosechas, hogares y vidas, las montañas ofrecen un sitio elevado y la irrigación disminuye el daño. En regiones llanas, de suelo de loes, como por ejemplo el área de Loyang, donde

4. Paul Sun, traducción: "Feng Shui: An Ancient Theory of Village Siting", en *The Village as Solar Ecology* East Falmouth, Massachusetts: The New Alchemy Institute, 1980, pág 22.

los vientos hacen volar las arenas, los chinos construyeron sus casas en una red de túneles, como protección contra el viento

Hace miles de años, cuando surgió la civilización china a lo largo de los valles fértiles regados por los ríos Amarillo y Wei, las premisas básicas del feng shui también se desarrollaron a partir de la naturaleza topográfica y geográfica del sitio: una mezcla de montañas escarpadas, mesetas, ríos, valles y llanuras. Mucho antes de que existieran arquitectos, los fenómenos naturales, tales como el viento y el agua, eran considerados señales sagradas, que de manera misteriosa instruían a los chamanes sobre cuál era el lugar más propicio para construir una casa, un altar o una tumba.

Los chinos de la antigüedad sabían que una casa situada a mitad de camino sobre una colina, al norte del río, con vista al sur, recibía un sol óptimo, estaba protegida de los vientos recios, estaba a salvo de las inundaciones, y aun así, tenía acceso al agua para las cosechas. En un ambiente semejante la supervivencia era más fácil: el arroz, los vegetales y los árboles frutales crecían bajo un sol sin obstáculos, el ganado se alimentaba de césped exuberante, y la casa permanecía relativamente caliente en invierno. El medio resultaba confortable y armonioso, y contribuía a que sus habitantes sobrevivieran y crecieran con éxito e incluso con opulencia.

Cuando ese espacio importante, auspicioso e ideal no resultaba accesible, la búsqueda de antídotos llevaron al estudio del feng shui. Poco tiempo después, la búsqueda y la concreción de un medio físico viable pasó a ser una ciencia básica del medio ambiente; su objetivo era controlar las cercanías inmediatas del hombre.

El feng shui promueve la idea moderna de la ecología y la conservación. Su mensaje es el siguiente: vivir en armonía con la naturaleza, no destruirla. Alterar la naturaleza podría destruir su equilibrio. Si se modifica el medio ambiente, el costo que hay que pagar varía desde la polución hasta la superpoblación. Por ello, los cambios deben ser planeados y ejecutados con sumo cuidado. El manoseo indiscriminado de la naturaleza puede desencadenar una serie de hechos, cuyas consecuencias son impredecibles. (Los chinos no siempre cumplieron lo que predicaban. Durante los siglos XIX y XX, talaron árboles para leña en todo el norte del país y alteraron drásticamente el equilibrio ecológico, convirtiendo un denso bosque en una cuenca de polvo.)

EL ARTE SAGRADO DE LA UBICACIÓN

Los chinos siempre han hecho hincapié en la ubicación de las cosas, ya sea dentro del paisaje, del mundo o del cosmos. Para localizar el sitio correcto, empleaban métodos místicos, desde la numerología y la astrología hasta la orientación y las imágenes. Por ejemplo, para ellos era importante designar las ciudades, los edificios y las personas con nombres que implicaban e invocaban el poder central. China, *Chung-guo,* significa "Reino Central": la nación situada en el eje del universo, el corazón al cual todo el poder fluye y del cual emana un poder aún mayor. En Beijing, dominio del emperador, la "Ciudad Púrpura Prohibida" (*Tzu Chin Ch'eng*) alude a la Estrella del Norte, *Tzu Wei,* la constelación alrededor de la cual giran todas las estrellas. Allí el emperador, hijo del cielo, medió por el destino del país, conservando la paz entre el cielo, la tierra y el hombre.

Sin embargo, el poder y la buena fortuna provienen originalmente del paisaje. Los chinos otorgaban a su ambiente significados sagrados, derivados de las formas naturales, el crecimiento y la orientación. La tierra poseía muchos disfraces, desde un dragón hasta un dios incorpóreo, todos en posesión de un poder cósmico que gobernaba el destino del hombre. Todo el universo chino estaba impregnado de dioses sagrados, espíritus y criaturas, que vivían en el cielo y en la Tierra, en la luna y en el sol, en el mar y en la región.

Sin embargo, el cosmos chino era holístico: unía todos los fenómenos naturales en un solo cuerpo. En uno de los mitos de la creación, el paisaje no era una mezcla caótica y hostil de montañas, ríos y bosques, sino una figura divina transformada.

El mundo proviene de un huevo primigenio, del que nació un dios que vivió 18.000 años. Después éste murió. Su cabeza se partió y se convirtió en el sol y en la luna, su sangre en los ríos y en los mares, su cabellera en plantas, sus extremidades en montañas, su voz en trueno, su transpiración en lluvia, su aliento en viento. Y sus pulgas, en los ancestros del hombre[5].

Por tanto, los chinos no se basaban en un caos indefinido y desconocido, sino en la figura de un dios de carne y hueso, que alguna vez tuvo forma humana y crió y alimentó parásitos humanos. En un nivel religioso, el feng shui constituye un intento de comunicarse con y de conseguir bendiciones y poder del dios/tierra primigenio, aprovechando sus recursos y su poder.

5. Maggie Keswick, *The Chinese Garden* Nueva York, Rizzoli, 1978, pág. 29.

EXPERTOS EN FENG SHUI

Los expertos en feng shui son al mismo tiempo sacerdotes y médicos de las dolencias ambientales. Ellos poseen el conocimiento sagrado y profano de los destinos del hombre y de la tierra. Como sacerdotes, leen e interpretan las señales visibles e invisibles, así como las fuerzas positivas del cosmos. Definen el lugar del hombre en el universo. Como médicos, detectan el pulso de la tierra: determinan dónde es posible que el hombre tenga la vida más saludable, productiva, próspera y feliz, y dónde los edificios menos perturban la circulación de la tierra.

Al ser receptivo al ambiente, el experto en feng shui es capaz de analizar el ambiente físico, conformado por las montañas, los árboles, el viento, el agua y la alineación de las estrellas. Es muy posible que el experto en feng shui, en sus orígenes, haya sido muy parecido al brujo que atraía lluvia. Aquél recogía información de sus alrededores: leía señales y advertencias en las brisas, los colores de las hojas, los anillos de la luna, el olor de la lluvia, la conducta de los insectos y de los animales, la humedad de las rocas, y las estrellas. Son necesarios virtudes y conocimientos especiales para vivir de acuerdo con el mejor chi de la naturaleza. Como lo explica Lin Yun:

Poseemos muchos sentidos, no sólo los cinco más comunes: oído, olfato, gusto, vista y tacto, sino muchos más. Todos tenemos capacidad de discernimiento. Absorbemos sentimientos de personas, lugares, sueños, energía atmosférica. Algunas personas nos transmiten una sensación agorera. En ciertos lugares nos sentimos felices y cómodos.

Absorbemos estas sensaciones indefinibles y a partir de ellas intuimos la realidad y el destino.

Él asegura que poseemos más de cien "sentidos", la mayor parte de los cuales están latentes. Los expertos en feng shui han desarrollado sus sentidos de manera tal que son más agudos, más adaptados al medio ambiente: al igual que una radio de onda corta, utilizan antenas psíquicas para recoger mensajes, señales y estática del medio que los rodea.

En la actualidad el feng shui es un sistema complejo que algunos chinos eligen manejar por sí mismos, mientras que la mayoría busca asesoramiento profesional. Éste varía debido a las diferentes teorías que se practican hoy día. Alrededor del siglo tercero d.C., el feng shui se dividía en dos escuelas principales. Una de ellas, desarrollada en la provincia de Fukien, ponía énfasis en la dirección y dependía de un compás cósmico, en que la relación de los diversos elementos del universo chino: las estrellas, el *I Ching or Book of Changes* y otros, está dispuesta en círculos concéntricos alrededor de un compás. La otra escuela, que se originó en la provincia de Kiangsi, se ocupaba de las formas y las direcciones de la tierra y de las masas de agua. En el siglo XII, el feng shui prosperó a través de las teorías metafísicas de Chu Hsi, un respetado erudito que ponía énfasis en "la investigación de las cosas (que conducen a) la extensión del conocimiento".

Históricamente, los expertos en feng shui podían ser tanto semianalfabetos como eruditos y sacerdotes budistas y taoístas. Aunque existen varios textos de feng shui, gran parte de la información fue transmitida oralmente, a menudo de padre a hijo. (No existía la mujer experta en feng shui, pues la tradición confuciana impedía la transmisión de conocimiento importante y sagrado a las mujeres: "Enseñad a los hijos, no a las hijas").

Desde el punto de vista chino, en el arte del feng shui, al igual que en la mayoría de las profesiones, había sabios y charlatanes. Algunos ocupaban posiciones de respeto en las comunidades y utilizaban el feng shui no sólo para adivinar sitios, sino también para resolver disputas locales. Sin embargo, otros eran personajes menos públicos y tomaban el dinero de los residentes a cambio de retórica de feng shui. Por ejemplo, a fines de siglo, cerca de Cantón, un geomántico cobró la colosal suma de tres mil dólares por elegir una sepultura propicia para una mujer acaudalada. Los fraudes en el feng shui no son infrecuentes: están los charlatanes que ofrecen remedios falsos, razón por la cual algunos escépticos utilizan la frase "profesor de feng shui" como equivalente de mentiroso.

Los chinos no están más allá de invocar lo místico para resolver problemas mundanos. Mientras que unos pocos con tendencia filosófica consideran el feng shui un modo de mantenerse a la par del cosmos, los más ambiciosos lo ven como una ventaja necesaria sobre otras personas en la vida. No obstante, muchos ven el feng shui como una paradoja: aunque hay quienes lo consideran una vulgar superstición, la mayoría no le da la espalda por completo, pues sospechan que los expertos en feng shui poseen sabiduría, poder y conocimientos innatos y especiales.

Los expertos en feng shui mantienen el secreto de su profesión, la cual adquiere diversas formas en Corea, Japón, Laos, Tailandia, Filipinas, Vietnam, Malasia y Singapur. Los métodos de feng shui varían según las necesidades locales: un sabio de aldea en Malaca, Malasia; un exhumador de tumbas en Singapur, ciudad de rápido desarrollo, donde ni siquiera los muertos descansan en paz; un empresario notorio devenido experto en feng shui; un experto profesional en feng shui que se convirtió en el geomántico financieramente más exitoso de Hong Kong.

Los hombres del feng shui de la actualidad no coinciden exactamente con la imagen del mandarín sabio: no usan largas batas de seda ni hirsutas barbas blancas. Cuando Cheng To-sang, con corte de pelo militar, va a mirar la tumba del ancestro de algún cliente, se pone zapatillas amarillas brillantes. Choi Pak-lai prefiere los trajes de tres piezas de buen corte. Aunque a veces usa chaqueta de mandarín, Lin Yun suele lucir su solemne figura con camisas de estampado hawaiano, pantalones negros y zapatos de taco un poco elevado.

Feng shui del Gorro Negro

El feng shui tibetano tántrico de la secta del Gorro Negro es practicado solamente por un puñado de expertos, entre los que se encuentra Lin Yun. El feng shui del Gorro Negro es un híbrido de muchas tradiciones, pensamientos y prácticas. Surgió de la larga peregrinación del budismo desde India hasta el Tíbet y finalmente hasta China. En el camino, incorporó teorías, ritos y disciplinas religiosas y filosóficas de los países que atravesaba. De la India recogió el mensaje compasivo, el concepto de *karma*[6], la práctica del yoga y la estructura de iglesia organizada, repleta de monjes proselitistas y rituales religiosos. Del Tíbet tomó conocimientos mágicos y místicos y rituales, como por ejemplo cánticos y hechizos. Después de lle-

---

6. *Karma*: concisamente, que el destino de una persona está determinado por las acciones buenas y malas que ésta realizó en esta vida y en vidas pasadas.

gar a China, recibió influencia de la cultura indígena: la teoría de yin y yang y el taoísmo, la alabanza por los ancestros y el animismo, adivinación y feng shui, y hasta curas populares para cualquier problema imaginable: desde dolor de estómago hasta espíritus malignos, de aspiraciones profesionales a fertilidad, desde obtener riqueza y poder hasta manipular la destrucción de un enemigo.

Uno de los resultados: el feng shui del Gorro Negro es una versión práctica y ecléctica, basada en su mayor parte en la intuición y en el conocimiento místico. Sus curas de feng shui son lógicas: *ru-shr,* que se traduce como "dentro del espectro de nuestra experiencia o conocimiento", e ilógicas: *chu-shr,* cuya traducción es "fuera del ámbito de nuestra experiencia".

ADIVINACIÓN

Uno de los orígenes del feng shui se remonta a la adivinación china. Los chinos primitivos se valían de presagios para decidir curas de enfermedades, sacrificios y la conveniencia o no de la guerra; para averiguar las perspectivas de caza, de pesca y agrícolas, y a fin de determinar si el tiempo y el espacio resultaban favorables.

Una forma de adivinación que tuvo influencia en el feng shui fue la astrología, un modelo celestial del orden cósmico sobre la tierra. El palacio del emperador en Ch'ang-an, la primera capital de la China Imperial, construido en el tercer siglo a.C., fue erigido, dicen algunos, según la forma y el sendero astrológico de la Osa Mayor: una constelación particularmente favorable que gira alrededor y señala la inalterable Estrella del Norte. Así, el emperador ejercía su mandato en el centro del poder mundano.

La adivinación y los rituales no son algo nuevo en Occidente. Antes de construir una ciudad, los griegos y los romanos determinaban la conveniencia de un sitio estudiando el hígado de animales que pastaban allí, para ver si eran sanos. Asimismo, se valían de astrólogos para asegurarse de que la ciudad estuviera orientada en línea con el cosmos. Y al igual que la mayoría de las aldeas chinas, sus equivalentes occidentales por lo general estaban dispuestas a lo largo de un eje norte-sur.

Sin embargo, más que la astrología, el feng shui recibió influencia del texto pretaoísta llamado *I Ching or Book of Changes*. Surgido de un proceso de adivinación que empleaba "huesos de oráculo" (caparazones de tortuga y omóplatos de buey que, puestos al fuego, se partían en diferentes direcciones que significaban "sí" o "no"), el *I Ching* es la madre del pensamiento chino y de sus prácticas. Su énfasis es en la conexión entre el destino y la naturaleza del hombre.

Arrojando monedas, trozos de madera o tallos de milenrama, los chinos interpretaban presagios, conocimiento y sabiduría de los trigramas resultantes. Los siguientes trigramas simbolizan la naturaleza: ☰ cielo, ☷ tierra, ☳ trueno, ☶ montaña, ☲ fuego, ☴ viento, ☱ lago, ☵ agua. Se convirtieron en símbolos de otros conceptos, tales como las relaciones familiares: (☷ madre y ☰ padre), direcciones cardinales, tiempo, y finalmente, diversas etapas de cambio.

El *I Ching* hace hincapié en un fundamento chino: el cambio cíclico constante. Filosóficamente, es un enfoque del universo como entidad y todo lo que éste contiene en constante flujo. En la adivinación, el porvenir nunca es estático: si las circunstancias son buenas, el peligro acecha; si la suerte es mala, las cosas mejorarán. El eterno cambio regenerador. El hombre flota según los caprichos de la naturaleza.

Los símbolos del *I Ching* conjuran el poder y la energía cósmicos y son utilizados como amuletos de la suerte y como maleficios. Impresos sobre un compás cósmico, sus trigramas proporcionan a los expertos en feng shui ocho rumbos para alinear de manera adecuada escritorios, puertas y edificios, y colocar al hombre en un buen camino por la vida.

TAOÍSMO

De la observación, la identificación y la dependencia de la naturaleza nació el *Taoísmo*: una filosofía basada en los patrones de la naturaleza. Influido por el *I Ching*, definía la relación del hombre con el universo. Los taoístas creían que el hombre recibía influencia del cosmos, de sus permutaciones topográficas y del paso del tiempo. Al estudiar la naturaleza, los taoístas dieron su contribución a distintos campos de la ciencia: astronomía, matemática, geología, cartografía, mineralogía y química.

Los taoístas glorificaban la naturaleza. El amor por la naturaleza impregnaba su visión de la vida. Nada era correcto hasta tanto el hombre podía verse reflejado en la armonía de la naturaleza. La exaltaban por medio de la poesía. El taoísmo "parecía ser la respuesta al anhelo del hombre por sentir e imaginar una visión de lo eterno, donde pudieran olvidar el caos del presente"[7].

7. Michael Sullivan: *The Arts of China,* edición revisada. Berkeley, Los Angeles y Londres, University of California Press, 1979, pág. 96.

Alta se eleva la Cumbre Oriental
Remontándose al cielo azul.
Entre las rocas, un agujero vacío,
Sin esculpir, sin labrar,
Protegido por la naturaleza con un te-
cho de nubes.
¿Trayendo a mi vida incesante cambio?
Viviré por siempre en este agujero
Donde las Primaveras y los Otoños
inadvertidos pasan[8].

—*Tao-yun, 400 d.C.*

El lugar del hombre en medio de la enorme expansión y eterno cambio de la naturaleza parece insignificante, "una gota de agua en un océano". Sin embargo,
el hombre también forma parte integral del universo:
es arrastrado y controlado por su flujo. Este tema fue
expresado en las pinturas tradicionales de montañas
monolíticas, que se elevaban imponentes sobre ríos
cruzados por diminutas figuras humanas. Producía un
solaz trascendental, y al mismo tiempo una sensación
de humildad, el hecho de saber que se formaba parte
de una estructura eterna inmensa.

Los taoístas perciben al hombre y su alrededor como microcosmos del universo, *Tao*. Idealmente, el
hombre debería reflejar el equilibrio de la naturaleza.
Un sabio del siglo III, Liu Ling, hacía énfasis en dicha
identificación con el cosmos. Acostumbrado a andar
desnudo en su casa, incluso cuando recibía visitas, respondía a los espantados huéspedes: "Yo considero el

8. Arthur Waley: *Translations from the Chinese.* Nueva York, Alfred
A. Knopf, 1941, pág. 79.

universo entero como mi casa, y mi casa como mi vestimenta. Entonces, ¿por qué se mete en mis pantalones?"[9] Algunos poetas de la dinastía T'ang se emborrachaban hasta un estado de estupor, con el fin de integrarse y entrar en comunión con la naturaleza. Dicen que un poeta del siglo VIII se ahogó al querer alcanzar la luna, en medio de un éxtasis de ebriedad.

Pese a continuar siendo una filosofía, el taoísmo también se tornó religión popular. Impulsado por el influjo del budismo a China, el taoísmo adoptó el esquema de una iglesia organizada: con sacerdotes, rituales y templos. Para popularizar el taoísmo y competir con la atracción cada vez mayor del budismo, los sacerdotes taoístas también integraron costumbres y sabidurías nativas chinas: folclore, piedad filial, sacrificios, astrología, medicinas herbarias y feng shui. De ahí que las formas populares del taoísmo y del budismo pasaron a ser similares. Incluso algunos elementos confucianos se infiltraron en el taoísmo, pues muchos devotos rezaban para obtener éxito profesional, fertilidad y bendiciones de los ancestros.

A diferencia de la filosofía taoísta, su religión es terrenal, más pragmática que la filosofía taoísta. Se ocupa de los dilemas diarios más que del pensamiento esotérico. Los sacerdotes taoístas utilizan rituales para ayudar a los creyentes a adquirir ventajas terrenales: posición social, dinero, un buen matrimonio, preocupaciones que los pensadores taoístas buscaban trascender.

Junto con su largo repertorio de curas folklóricas, el taoísmo religioso adoptó el I Ching y otros símbolos taoístas como amuletos sagrados. Estos símbolos religiosos potentes estaban imbuidos del mensaje ori-

9. Feng Yu-Lan: *A Short History of Chinese Philosophy*. Nueva York y Londres, The Macmillan Company, 1948, pág. 235.

ginal del taoísmo: un mundo en constante cambio, y al mismo tiempo funcionaban como precaución contra males terrenales. Dispuestos en círculos alrededor de un espejo o de un símbolo taoísta, los trigramas del *I Ching* crean un amuleto con poderes místicos, supuestamente lo bastante potentes como para espantar demonios, enfermedades y otras fuerzas destructivas de las casas, las tiendas y los templos. Estos amuletos funcionan de una manera similar a la cruz cristiana contra los vampiros y demonios o como un Jesús crucificado en el parabrisas de un auto para prevenir choques.

Aunque las semillas del feng shui fueron plantadas miles de años atrás, el feng shui, tal como se lo practica en la actualidad, surgió de las formas esotéricas y populares del taoísmo. El lugar del hombre en la naturaleza debía estar en armonía. Los chinos utilizaban el feng shui para ligar el destino del hombre con el de la naturaleza, situando tumbas, edificios y personas en un medio que, según sus adivinaciones era cosmológicamente propicio.

Tao, de Taoísmo, literalmente significa sendero, principio, proceso o camino. Tao es el eterno ritmo del universo y cómo éste funciona. También es el modo del hombre: tanto el universo como el hombre obedecen a la misma ley natural. Desde tiempos remotos los chinos veían el cosmos como un sendero, un patrón en movimiento. Y así era el Tao.

Las raíces del Tao surgen de la observación del pueblo chino de los cambios cíclicos estacionales: del verano al invierno y otra vez al verano, y del reemplazo diario del sol y de la luna: opuestos que se engendran sin cesar, en constante cambio y a la vez eternamente recurrentes. Los opuestos parecen fluir uno de otro en lugar de chocar. El Tao une todo, ejemplificando la necesidad de la naturaleza y del hombre de reunir todas las fuerzas opuestas en una armonía fluctuante.

El Tao abarca una doctrina y un proceso. En el siglo VI a.C., Confucio utilizó el Tao para predicar sobre las formas morales o el orden social, haciendo énfasis en las responsabilidades políticas y burocráticas. Casi al mismo tiempo, los filósofos taoístas, como por ejemplo Lao-tsé, en reacción a Confucio, utilizaron el Tao para expresar el método natural, e instaron a la gente a regresar a la vida sencilla, para poder volver a la armonía original con la naturaleza.

El taoísmo ofrece una génesis filosófica. Lao-tsé dijo: si de verdad los opuestos se engendran entre sí, si el verano da paso al invierno, entonces la realidad debe de haber surgido de la no realidad. Antes de haber un *es*, hubo un *no es*: un gran vacío, la nada, o un recipiente. Quizá vacío, quizá lleno, pero no se sabe. Como escribió Lao-tsé: "Fue de lo Inefable que surgieron el Cielo y la Tierra; lo que tiene nombre sólo es la madre que crió a 10.000 criaturas..."[10]

Para equilibrar el ambiente, los expertos en feng shui deben determinar los patrones del Tao. Dos conceptos taoístas: *yin-yang* y *chi* sirven de guía a los chinos para establecer la armonía cósmica en la tierra.

Yin y Yang

Yin y yang, las dos fuerzas primordiales que gobiernan el universo, simbolizan la armonía. Son opuestos. Yin es la oscuridad, yang es la luz, yin es pasivo, yang es activo. Yin es femenino, yang es masculino. En el *I Ching*,

---

10. Arthur Waley: *The Way and Its Power*. Nueva York, The Macmillan Company, 1958, pág. 141.

yin es ▬ ▬ mientras que yang es ▬▬▬ . Sin embargo, a diferencia de las ideas occidentales que impulsan los extremos en conflicto, yin y yang son complementarios, dependen uno de otro. Sin oscuridad no existe la luz. Sin calor no existe el frío. Sin vida no hay muerte. Como los polos positivo y negativo de un imán, yin y yang se unen.

Todas las cosas contienen diversos grados de yin y de yang. Yin y yang interactúan continuamente, creando un cambio cíclico. Algunos describen ese cambio incesante como el movimiento de un péndulo: el invierno cede paso a la primavera, sólo para regresar en cuestión de meses; el calor reemplaza el frío, que a su vez cede paso al calor; la noche sigue al día, el cual vuelve a surgir después de algunas horas de oscuridad. Hay un sentido de totalidad en el movimiento de yin y yang. Y el proceso natural que une a ambos es el Tao.

Símbolo de yin y yang

Lin Yun explica el proceso de Tao:

Yin y yang se funden en uno, natural y constantemente, creando a Tao, la situación universal. La luna (yin) sube, y cuando se retira, sale el sol (yang).
Esta interacción luna-sol continúa naturalmente,
creando el Tao del cielo y de la tierra. El Tao de las
parejas es cuando una mujer y un hombre se casan
y forman una familia, dando y recibiendo cada día.
O la suerte puede empeorar y después mejorar,
convirtiéndose en el destino y la fortuna del hombre, que nunca es constante, sino que fluctúa: a veces buena, a veces mala. Éste es el Tao del hombre.

En la medicina tradicional china, el cuerpo necesita mantener la armonía. Los chinos dicen que el interior es yin y el exterior es yang. Cuando una persona
se enferma, los médicos chinos dicen que pueden adjudicar la enfermedad a un desequilibrio de uno de los
principios. Si una persona tiene mal el estómago (yin)
y siente náuseas, abre la boca (yang) y vomita: entonces se siente mejor. Esto se aplica también a las emociones. Si estamos angustiados o inquietos, a veces llo-
ramos; o si estamos enojados, gritamos. Las distintas
personalidades también poseen una cantidad comple-
mentaria de yin y de yang para avanzar armoniosamente en el matrimonio y en el trabajo.

En el feng shui, el yin y el yang de una casa o de una
sepultura deben estar equilibrados, para que los residentes estén en armonía con el medio que los rodea.

Chi

El chi es el componente más importante del feng shui.
Un experto en feng shui escribió: "Si un geomántico es

capaz de reconocer el chi, eso es todo el secreto del feng shui". El chi es la fuerza vital que insufla vida a los animales y la vegetación, infla la tierra para formar montañas y conduce el agua a través de los conductos de la tierra. Chi es una esencia vital, una fuerza motivadora que anima todas las cosas. El chi determina la altura de las montañas, la calidad del crecimiento, el alcance de realización potencial. Sin chi, los árboles no florecen, los ríos no fluyen, el hombre no existe. Y mientras todas las cosas: colinas, ríos, árboles, seres humanos, piedras inhalen chi, también lo exhalarán, afectándose así unos a otros.

El chi es un concepto que abarca todas las artes tradicionales chinas, desde la acupuntura y la medicina hasta el feng shui y el gung fu (comúnmente conocido como "kung fu"). Puede incluir diversos fenómenos, como la energía que mueve las olas; el origen de la tierra fértil; eso que los artistas marciales canalizan cuando asestan golpes enérgicos; aquello que los que practican acupuntura buscan activar con sus agujas, e incluso el aura del hombre. Desde hace miles de años, los chinos contratan a expertos en feng shui para adivinar, como si se tratara de una varita mágica arquitectónica, dónde fluye el mejor chi en el paisaje.

Mencionado en sus orígenes en el *I Ching*, el chi surgió más tarde, en el siglo XII, como un concepto neoconfuciano, en la obra de Chu Hsi. Para los chinos, el chi une el espíritu y la sustancia. El chi liviano flota como el aire; el chi pesado se hunde para formar materia. "El chi es extenso y vago. Sin embargo, asciende y desciende, y se mueve por todas partes sin cesar. Lo que flota hacia arriba es el yang, que es claro, mientras que lo que cae es el yin, que es turbio"[11].

11. Wm. Theodore De Bary, comp.: *Sources of Chinese Tradition.* Nueva York y Londres, Columbia University Press, 1970, vol. 1, pág. 468.

El chi sigue el esquema de Tao, que cambia, se condensa, se expande, inhala y exhala. Por momentos es masa; por otros es vapor.

En chino, el carácter *chi* tiene dos significados: uno cósmico, otro humano. El chi celestial abarca el aire, el vapor, el gas, el clima y la fuerza. El chi humano incluye el aliento, el aura, el comportamiento y la energía. Los dos tipos de chi no están separados: el chi humano recibe una fuerte influencia del chi del cielo y de la tierra.

La tierra con más influencia de chi, según los chinos, es la más habitable, donde las flores, los árboles y el césped crecen con mayor rapidez, los animales son más gordos y útiles, y la gente es la más feliz, la que vive con mayor comodidad y prosperidad.

Tal como lo describe Lin Yun, el chi rodea en espiral a la tierra, siempre cambiando; a veces "exhala" hacia la corteza, otras "inhala" hacia sus profundidades, siempre pulsando y manifestándose de diferentes maneras: como una montaña alta, un precipicio profundo, un desierto plano. En el curso de sus vueltas, el chi puede ascender cerca de la superficie de la tierra, creando montañas. Puede expandirse con mucha fuerza y escapar finalmente, haciendo erupción en un volcán. Y si el chi se retira demasiado lejos de la corteza de la tierra, la tierra será seca, desértica y llana. La mejor situación se produce cuando el chi roza la superficie de la tierra, formando montañas, haciendo crecer los árboles, que el césped sea verde, el aire fresco, el agua clara, limpia y accesible, nazcan las flores y que el hombre viva con comodidad y satisfecho. Cuando el chi se aleja demasiado, no fluye el agua, la polución y la enfermedad prosperan y hay mala suerte.

El chi atmosférico modela el chi humano. El chi debe fluir suavemente y cerca de una persona para me-

El carácter chi

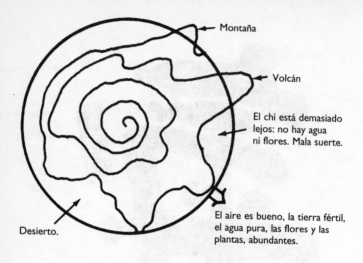

Montaña

Volcán

El chi está demasiado
lejos: no hay agua
ni flores. Mala suerte.

El aire es bueno, la tierra fértil,
el agua pura, las flores y las
plantas, abundantes.

Desierto.

El chi y el mundo.

jorar el chi de ésta. Debe estar equilibrado. Si la corriente es demasiado fuerte o demasiado débil, los efectos pueden ser negativos.

Desde la etapa fetal, se dice que el ser humano está íntimamente ligado al chi cósmico. Este chi, en cierto sentido, es el destino de una persona. En la concepción el *ling* (partículas diminutas de chi), habiendo ingresado en el útero de una mujer, toca al feto con la chispa de la vida. Es la forma embrionaria del chi del bebé. El chi penetra todo el cuerpo, y determina la característica físicas, los movimientos y el estado mental del futuro niño.

Al igual que con las montañas y los ríos, dicen los chinos, el cuerpo humano es impulsado por el chi, una energía central. El chi nos mueve, produce contracciones en los músculos y en los tendones. El chi que fluye por nuestros brazos nos permite, por ejemplo, doblar los codos, asir y llevar una taza y percibir calor y frío; así, nos advierte cuando algo está muy caliente y podría quemarnos.

El chi debe fluir suave y constantemente a través del cuerpo. Si el chi es demasiado débil, no podemos movernos. Si no puede fluir por un brazo, ese brazo está paralizado. Si el chi no circula por las piernas, éstas no podrán caminar, y si no llega al corazón, sin latidos, se produce la muerte.

El chi humano une la mente y la materia. El chi no es sólo una señal que nos ordena movernos; *de hecho, el chi nos mueve a nosotros.* Los pintores chinos subrayan la importancia del chi, o también, la fuerza de la pincelada. Este chi creativo fluye a través del cuerpo, el brazo, a lo largo del pincel y se vuelca en el papel o la seda, uniendo al artista con su creación.

El chi, el aliento de vida, es el aura de un hombre, la verdadera personalidad del hombre, su energía y su alma. Algunas personas pueden verlo. Nos impulsa a través de la vida y afecta nuestra interacción con los demás. Debido a que todas las personas poseen chi, cada movimiento humano influye tanto al propio ser como a otras personas. Se nos ha dicho que damos y recibimos toda clase de "vibraciones" y "reacciones químicas". Somos atraídos y rechazados, como los imanes. Sea lo que fuere, somos sensibles a los movimientos y conductas de los demás, y percibimos información intuitiva sin necesidad de palabras. En el feng shui, las personas también son sensibles al chi de su medio. El chi atmosférico modela el chi humano y decide el destino del hombre. Quienes practican el feng shui tratan de dirigir las corrientes buenas y suaves de chi hacia una persona y de convertir el chi dañino.

Cada persona posee un tipo diferente de chi, que produce diferentes rasgos de personalidad, problemas y reacciones. Lo ideal es que el chi esté distribuido en forma pareja por todo el cuerpo y que se centralice en la cabeza, creando un halo similar al de Buda o una aureola como la de Cristo. En otra persona el chi puede estar menos desarrollado, ocultándose tímidamente en el cuerpo. Algunas personas tienen un chi sesgado, que les sale por los hombros: el chi de un extrovertido, o de alguien que a cada rato se distrae con el ambiente o las oportunidades.

Una mujer muy hermosa puede entrar en una habitación llena de gente y no ser vista por nadie; ésta posee un chi o presencia callada. Por otra parte, una mujer no tan bonita con chi sesgado, en la misma habitación, crea un tumulto cada vez que se da vuelta, influyendo en la conciencia (chi) de los demás con su propio chi y emitiendo fuertes vibraciones.

El chi, a pesar de tener su raíz en el cuerpo de una persona, a veces puede estar dirigido hacia un momento o lugar diferente. Los chinos llaman a ese estado aquél en el que "El cuerpo está presente, pero la mente no". Nosotros lo llamaríamos soñar despierto. Las personas cuyo chi sube hasta su garganta, y ahí se queda, no son capaces de levantar la voz, ni de soportar pruebas ni situaciones difíciles. Una persona cuyo chi sale por la boca antes de llegar al cerebro puede hablar demasiado sin pensar en lo que dice. El chi de otra persona puede no estar canalizado, y salir por todas partes: eso indica una personalidad temblorosa, nerviosa, una persona frenética por su actividad pero que no tiene impacto ni dirección real. Otros pueden tener buenas intenciones, pero cuando salen a la sociedad y al mundo, fracasan: su chi sube hacia el corazón, cae sin

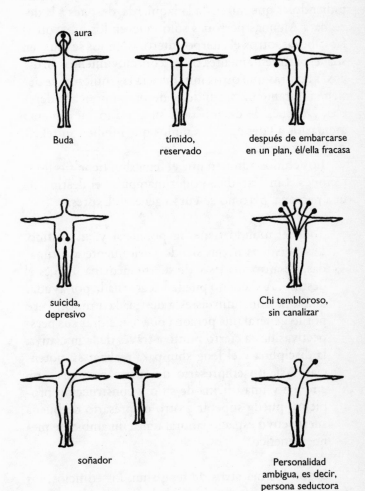

Variaciones del chi humano.

fuerza y sale por el otro lado del cuerpo. Quienes posean un chi con movimiento descendente tendrán una personalidad depresiva y suicida.

Lin Yun empieza a analizar el chi de las personas pidiéndoles que miren "a la izquierda, después a la derecha". Algunas personas sólo mueven los ojos, otros las cabezas, otros el cuerpo entero. Algunos se mueven suave pero lentamente, otros con movimientos bruscos, mientras que otros miran hacia la izquierda, se detienen durante un segundo, y después miran a la derecha. Después de diagnosticar su chi, Lin Yun intenta ayudarlos a "desatar" los nudos que inhiben su felicidad y efectividad.

Los chinos admiten que el feng shui tiene sus limitaciones. Lin Yun dice poder manipular el destino de una persona, pero no su curso general. Expresa:

Todo el mundo tiene un potencial y un destino. Las personas nacen siendo básicamente afortunadas, desafortunadas y de suerte mediana. Eso es el destino. A veces no puede hacerse nada por ayudar a una persona: quizás está destinada a morir. Pero por lo general una persona puede mejorar sus perspectivas hasta cierto punto a través de la iniciativa, la disciplina y el feng shui para realizar su potencial. Así, un empresario de suerte mediana, con empuje y una oficina de sitio y construcción propicios, puede superar a otro empresario de buena suerte cuyo espacio laboral tenga un ambiente menos benéfico.

Según los maestros de feng shui, los edificios, los árboles y el sol afectan la calidad y el flujo de nuestro chi, pero ni aumentan ni reducen la cantidad de chi en una persona.

El objetivo del feng shui es aprovechar el chi de la tierra, así como el objetivo de la acupuntura es sacar provecho del chi de una persona. El adepto al feng shui debe descubrir un lugar donde el chi fluya con suavidad y los principios de yin y de yang estén equilibrados. Si esto no es posible, el feng shui ofrece métodos para colocar el ambiente en armonía. Al evaluar el potencial de un paisaje, una casa, una tumba o una habitación, los expertos en feng shui disciernen si el chi se está expandiendo o retirando, y hacen las sugerencias correspondientes.

Los chinos distinguen entre moradas yin y yang: las casas de los muertos y las casas de los vivos. Las estructuras yin son las morgues, las casas mortuorias y las tumbas. Los constructores yang incluyen residencias, oficinas, escuelas, tiendas, empresas; obras públicas como parques, aeropuertos, muelles de transbordadores, puertos y estaciones de trenes; elementos de planeamiento urbano tales como puentes, caminos y edificios; y proyectos potenciales con posibilidades de desarrollo, como pozos petroleros, fábricas, hipódromos y casinos.

Para examinar el feng shui de un edificio o de una tumba por lo general es necesaria una visita a la sepultura. Al igual que los médicos, los expertos en feng shui disciernen la circulación y el pulso del chi. Mientras que algunos utilizan compases cósmicos, otros simplemente saben dónde y cómo mirar, para percibir si un sitio es o no afortunado.

Un teórico de feng shui del siglo XVII escribió que, para reconocer un sitio propicio, son necesarios sentidos especiales: un ojo entrenado y una sensibilidad aguda.

Hay un toque de luz mágica... Puede ser comprendido intuitivamente, pero no expresarse con palabras. Las colinas son bellas, las aguas buenas, el sol hermoso, la brisa suave; y el cielo tiene una nueva luz: otro mundo. Entre la confusión, la paz; entre la paz, un aire festivo. Cuando se llega a su presencia, los ojos se abren; si uno está sentado o acostado, el corazón se llena de alegría. Aquí se reúne el chi y la esencia. La luz brilla en medio, y la magia sale por todas partes[12].

12. Andrew March: "The Winds, the Waters and the Living Qi", *Parabola Magazine* 3, no. 1 (1978), págs. 32-33.

Tres

EL FENG SHUI RURAL

LA TIERRA

Para los chinos, la tierra y el cosmos conforman un "organismo vivo y palpitante"[1]. Los expertos en feng shui atribuyen a la naturaleza no sólo el hálito cósmico, chi, sino también características animales y humanas. Una montaña puede ser vista como un dragón imponente pero benévolo. Un barranco sobresaliente puede ser la mandíbula de un tigre. Una roca con forma de reloj de arena puede ser una *amah* (enfermera) o una doncella. De hecho, una rama entera del feng shui,

---

1. Ernest Eitel: *Feng Shui: or the Rudiments of Natural Science in China.* Hong Kong, 1873, pág. 20.

la denominada escuela de formas, interpreta el paisaje detectando formas que sugieren animales u objetos.

El feng shui es un idioma de símbolos. Dentro del feng shui vernáculo, la naturaleza constituye un vasto símil: un parque de animales con bestias vagando por él. Así, el ambiente adquiere una cualidad metafórica: las montañas pueden ser perros guardianes, tigres o dragones; los ríos pueden ser dragones o serpientes. Pero la metáfora continúa, enfatizando el vínculo casual que existe entre el hombre y la naturaleza. El hombre se ve afectado por estas masas rocosas con forma de animal, dotadas de los poderes y atributos de las cosas a las cuales se asemejan. La naturaleza imita la vida: una montaña con forma de perro puede ser guardiana, una colina con forma de tigre puede resultar amenazadora. Alrededor de una tumba en Hong Kong, un geomántico detectó montañas con forma de elefante, de víbora, de tigre, de ave fénix y de dragón. Los chinos se lo toman muy en serio (por nuestra parte, en el Occidente también reconocemos montañas que representan objetos: Giba de Camello, Cicatriz e incluso Punta de Pezón).

La mera forma de una montaña cercana puede causar impresión en la vida de una persona. En el feng shui, la vida puede imitar la naturaleza. Una montaña con forma de portaplumas de caligrafía podría inducir al éxito profesional. Un barranco situado en Lan Tao, una isla frente a Hong Kong, se parece a un hombre desnudo con erección, y se dice que provoca una sensualidad excepcional en las muchachas de una aldea cercana.

Las formas no sólo afectan el carácter de una persona sino también pueden amenazar la prosperidad de un sitio. En el siglo XIX, las cosechas fracasaron durante varios años en una zona de la provincia de Kwangtung, en China. Los geománticos encontraron la explicación en unas colinas cercanas que se asemejaban a una rata, que según ellos se devoraba las cosechas. Se aconsejó la construcción de una enorme trampera, y apenas finalizó la obra las cosechas dieron granos en abundancia[2].

Los dragones, el símbolo montañoso más frecuente, protege numerosas aldeas chinas. Las diversas partes de la masa montañosa representan diferentes aspectos de un dragón. Una línea de crestas que lleva a la cúspide une las vértebras. Las crestas que se extienden a cada lado forman los brazos y las patas. Los arroyos y manantiales subterráneos son las venas y las arterias que bombean el chi de la tierra, el "aliento del dragón" o "el vapor del dragón". A fin de encontrar chi sólo es preciso buscar crestas con follaje verde.

Un comentador chino advirtió:

> El dragón mágico se retuerce y cambia... las crestas de la montaña que tienen vida comienzan a correr hacia el este, y después, repentinamente, tuercen al oeste, o empiezan a correr al sur y de repente hacia el norte.
> ...Salen en todas direcciones. ...Se dice que, si [el paisaje] sufre cambios, se denomina dragón; y si no tiene ninguno, se llama montaña estéril[3].

Por tanto, no es por accidente que los dragones aparecen mucho en las leyendas chinas, en su arte y en sus símbolos. Durante la dinastía Ch'in fueron emblemas imperiales oficiales, que se tallaban en los tronos y se bordaban en las batas de seda. El emperador, que era

2. Maurice Freedman: "Geomancy", Presidential Address, London School of Economics and Political Science, 1968.
3. Andrew March: "The Winds, the Waters and the Living Qi", *Parabola Magazine* 3, no. 1 (1978), pág. 29.

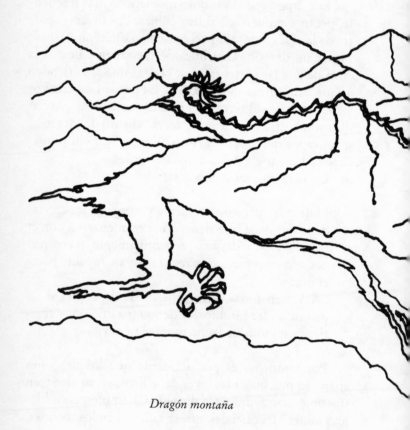

Dragón montaña

considerado un semidiós, siempre era llamado dragón. Muchos emperadores legendarios eran supuestos descendientes de dragones. Y con poderes similares, los dragones de montaña y de agua gobiernan sus reinos, previniendo enfermedades, hambre y mala suerte, y sirviendo de creadores y destructores.

Los oriundos de Hong Kong afirman que el origen del nombre *Kowloon*, "Nueve Dragones", se remite al inútil sacrificio del último emperador de la dinastía Sung. Cuenta la leyenda que, cuando las hordas mongólicas invadieron China, un vidente le aconsejó al emperador que buscara en el sur nueve dragones, y que allí reconstruyera su imperio. Al llegar al lugar señalado, el emperador contó solamente ocho montañas. Desesperado, el dragón imperial se arrojó al mar, habiendo olvidado incluirse a sí mismo en la cuenta.

Aunque las descripciones difieren, el dragón chino es una mezcla extraña de varios animales. Un anciano afirmaba que tenía "cabeza de camello, cuernos de ciervo, ojos de demonio, orejas de vaca, cuello de víbora, vientre de pez carpa, garras de águila y patas de tigre"[4]. Es una criatura versátil, capaz de crecer kilómetros en extensión o de encogerse hasta el tamaño de un gusano.

Sin embargo, las metáforas son algo más que meras formas de expresión. El dragón representaba en el mito las asombrosas fuerzas del paisaje, en su mayor parte formadas por montañas, agua y viento. Nacidas de piedras preciosas llamadas huevos de dragón, hacían las veces de preservadores y destructores. Constituye uno de los primeros intentos por explicar no sólo las formas sino también las fuerzas de la naturaleza, de las que los chinos dependían para su vida y

4. Donald Mackenzie: *Myths of China and Japan.* Londres, Gresham Publishing, 1939.

supervivencia. Si un dragón de agua, por ejemplo, estaba bajo control, era el origen de campos fértiles; si era incontrolable, motivo de muerte, de destrucción. Los dragones de agua ejercían poder sobre el clima, las mareas y los niveles de agua. Para provocar lluvias beneficiosas, simplemente volaban hasta las nubes. Los chinos atribuían a los dragones los fenómenos y los desastres naturales: un eclipse era causado por un dragón que se comía el sol y la luna; una inundación, por un dragón furioso. Para mantener felices a los dragones, solicitar su apoyo y así controlar la naturaleza, los chinos, por tradición, ofrecían sacrificios a los ríos. Hasta la dinastía Han, se arrojaban muchachas jóvenes a los ríos dragones a modo de novias. La imagen del dragón era tan vívida en la mentalidad china que uno de ellos fue visto en el siglo XVI. Durante una inundación desastrosa, se cuenta que un dragón entró en una vivenda en el noreste de China y escapó destrozando la pared de la casa, ocasionando una tormenta de granizo devastadora a su paso. La veneración por los dragones llegó hasta extremos destructivos y absurdos: Po Chuyi, un poeta del siglo IX de la dinastía Tang, y gobernador conocido por sus proyectos de control del agua, despreció la adoración de los dragones hasta el punto de escribir un poema satírico: "El dragón del estanque negro"[5].

Las montañas y el agua son eternas en la mentalidad china. Como rasgos del paisaje de extrema belleza, constituían refugios que trascendían un mundo político veleidoso. Poetas, pintores y sabios se retiraban a las montañas o a los ríos. Queriendo alejarse del tumulto y de las intrigas cortesanas, buscaban el paisaje, que se

5. Para el texto del poema, véase Arthur Waley: *Translations from the Chinese*. Nueva York, Alfred A. Knopf, 1941, págs. 166-167.

traduce como "montaña-agua", para hallar solaz en Tao y satisfacción en las bellezas naturales. En los jardines de la ciudad, se retiraban del mundo exterior hacia la quietud de un paisaje en miniatura hecho por el hombre: los estanques eran lagos y las rocas, colinas, formas condensadas de poderosas montañas. Como escribió Tu Fu, un poeta del siglo octavo: "El estado puede caer, pero las colinas y los ríos permanecen"[6].

El feng shui de un país depende de las montañas y de los ríos. Lin Yun divide la tierra en llanuras, colinas, ríos y lagos: "Mediante el estudio de estos recursos, podemos comprender el destino de una nación", que se traduce como "montaña-río".

Los expertos en feng shui consideran que las montañas y el agua son interdependientes: la clave de una armonía similar a la de Tao en la tierra, que constituyen vehículos perfectos para bombear el chi beneficioso a través de las venas de la tierra. Las montañas (yin o pasivas) están equilibradas por el agua (yang o activa). La tierra necesita agua para los cultivos; los ríos necesitan las colinas para evitar inundaciones.

Así, las montañas y el agua constituyen dos rasgos cruciales en el feng shui. Y la tierra, por supuesto, presenta para los expertos en feng shui un terreno infinitamente variado. Cuando se sitúa cualquier cosa: una casa, una aldea, una tumba, los expertos escudriñan las formas del paisaje circundante. Examinan los contornos de las montañas y los cursos de los ríos. Buscan rasgos específicos, tales como orientación, árboles y rocas. Siguen ciertas reglas muy básicas y buscan ubicaciones clásicamente propicias.

6. David Hawkes: *A Little Primer of Tu Fu.*. Nueva York, Oxford University Press, 1967, pág. 48.

Los picos montañosos son los puntos donde el cielo y la tierra se juntan, y de los cuales emanan todas las direcciones. Los templos y los santuarios salpican las montañas chinas, como postes de telégrafo, para comunicarse con los dioses. Desde comienzos del imperio chino, los emperadores ofrecían sacrificios dinásticos en el monte Tai, la montaña más grade de Sian. Así, tomaban posesión simbólica de todos los sectores del reino. Una historia de la dinastía Han, ansiosa por establecer el derecho Han de gobernar, menciona los fallidos intentos de Ch'in Shih Huang Ti por ascender el Monte Tai. Advierte que el hecho de que las tormentas le impedían llegar a la cima era una prueba de que el emperador Ch'in no era digno de gobernar. En contraste, el emperador Han, Wu, realizó varios ascensos exitosos.

Las montañas servían de ejes para orientar casas y tumbas. Esto tenía un costado práctico. El norte de una montaña es ventoso y umbrío; el sur, calmo y soleado; el este trae el sol matutino, mientras que el oeste enfrenta el brillo del crepúsculo.

Las colinas han tenido importancia en todas partes del mundo. Los chinos aseguran que una casa situada en la ladera sur o este de una montaña es mejor; tanto la casa como la vegetación prospera bajo los cálidos rayos del sol.

Los sitios propicios también tienden a estar cerca de las venas del chi subterráneo, marcados por puntos, o poros del dragón, de vegetación y follaje ricos y verdes. Estas venas de dragón por lo general recorren los barrancos y partes traseras de montañas, que siguen la red de nervios.

Ciertos rasgos topográficos contribuyen al feng shui malo. Una meseta chata, sin río, carece de chi. Los chinos advierten que no se debe construir una casa en la cola de un dragón, pues éste tiene la costumbre de moverla, y crea así una situación inestable. Una casa en la cabeza del dragón puede tener sus riesgos: si bien es bueno vivir en su cerebro, un leve error podría colocar a los residentes peligrosamente cerca de la boca de la bestia, fuente de chi potente y de un enorme apetito. Los habitantes de una casa situada bajo una saliente, o boca de tigre, siempre vivirán con miedo de ser tragados y de desaparecer cuando la mandíbula superior caiga.

Una colina con forma de sofá ancho producirá muertes violentas a los hijos varones. Una montaña con forma de bote invertido causará enfermedad a las hijas y sentencias de cárcel a los hijos. Las peores formas montañosas van desde tortugas hasta canastas, desde "ojo de caballo" hasta reja de arado.

Cuando no se cuenta con contornos naturales, se alienta la alteración cuidadosa de la tierra. Los ríos rectos, que constituyen una amenaza para la vida, el dinero y la prosperidad, pueden ser modificados en una dirección más ventajosa.

Por supuesto, un dragón de montaña protector necesita gran cantidad de agua para beber. Lao-tsé escribió: "El bien máximo es aquel del agua. La bondad del agua está en que beneficia a sus 10.000 criaturas"[7]. Este consejo alentaba a la gente a imitar las propiedades claras y puras del agua. Un arroyo grande o un río que serpentea a lo largo de los contornos de la tierra es integral y deseable para el paisaje feng shui, pues dispersa el chi suave y ventajoso. El agua, muchas veces sinónimo de dinero, es la fuente de vida no sólo de los dragones sino también de los tigres, las aves fénix y las tortugas de montaña. El elemento yang en un paisaje,

7. Los libros tradicionales de feng shui chino dicen: "El viento gasta el chi, mientras que el agua lo retiene".

el agua, según Lin Yun, es movido por el chi[8]. El chi es el que pliega las olas de un río, determina su curso y sus corrientes y define su claridad y su profundidad.

Con sólo mirar el flujo de agua, los expertos en feng shui como Lin Yun pueden discernir la naturaleza y la fuerza del chi. La forma de un lago, los giros y meandros de una corriente de agua y su velocidad son signos vitales para descubrir aspectos del chi.

Los chinos poseen incontables reglas sobre formas y orientación de vías fluviales. Por ejemplo, una casa construida cerca de la confluencia de dos ríos será próspera. El flujo de agua debe ser equilibrado, ni demasiado rápido ni demasiado lento.

No obstante, el agua vivificante también puede ser destructiva para el feng shui. Según el antiguo *Water Dragon Classic*: "El agua no debe ser ni rápida ni recta... Si el agua sale a borbotones [de un sitio], se agota, se apresura. ¿Cómo puede ser abundante y hacer que la riqueza se acumule? Si llega en un curso recto y sale del mismo modo, lastima a los hombres". Si el agua corre rápida y recta, no sólo la zona caerá víctima de un chi saeta o "chi asesino", sino que también la tierra, a salvo del chi del río, no gozará de mucho chi, pues éste corre muy rápido. La influencia del chi, en ese caso, está confinada y dirigida a la línea de fuego de la corriente. Las curvas pronunciadas también proyectan chi saeta.

Los árboles mejoran un paisaje feng shui, y protegen contra los vientos malignos (o chi asesino) y fomenta el chi bueno y creciente. Los árboles feng shui, plantados especialmente, tienden a ser grandes y viejos. En la poesía china, el árbol siempre verde simboliza la longevidad. Lin Yun dice que, cuanto más verde el árbol,

8. Arthur Waley: *The Way and It's Power*. Nueva York, The Macmillan Company, 1958, pág. 151.

más fuerte el chi de la zona. En el campo, el follaje abundante significa prosperidad y es una señal de suelo fértil para los granjeros. Las piedras también pueden ser importantes. Los chinos a veces creen que los destinos de ciertos individuos están envueltos en piedras especiales. Estas piedras son grandes y con formas raras, y suelen ser adornadas con peticiones a los dioses.

Entonces, ¿qué es lo que determina un sitio clásico de feng shui? La mayoría de los expertos coincide en que la formación ideal es aquella de colinas protectoras "en forma de sillón", también conocida como "perla protectora del dragón" o "niño que abraza a su madre". El sillón podría estar compuesto por un grupo de bestias terrenales poderosas: el dragón verde, el tigre blanco, la tortuga negra y el ave fénix bermellón. El mejor sitio tiene como parte trasera una montaña alta con forma de tortuga negra, a la derecha el feroz tigre blanco y a la izquierda un dragón verde un poco más alto, para que el apetito del tigre quede alejado del sitio, y frente al pájaro bermellón más bajo, una especie

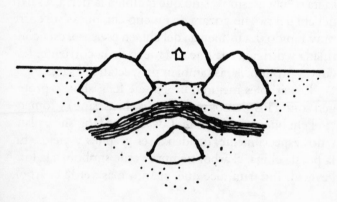

Formación clásica de montaña.

de banqueta de la formación en sillón. La tortuga, el tigre, el dragón y el ave fénix, además de retener y emitir su propio chi, atraen el chi bueno que fluye hacia el fénix. Idealmente una casa debería estar construida a mitad de ladera de la tortuga negra, ni demasiado alta (yang) ni demasiado baja (yin), mirando hacia el fénix desde arriba.

Las necesidades y deseos humanos suelen ser contrarios a los ideales de armonía natural. Modificar la tierra de alguna manera, al construir un camino, instalar un pozo o una piscina, edificar una casa, puede perturbar las corrientes de chi.

En la China premoderna, cualquier cambio que se realizara en la tierra requería la asistencia de expertos en feng shui. Al igual que los médicos, determinaban dónde debía realizarse una incisión y describían qué era necesario hacer para restaurar el equilibrio de todos los elementos terrenales y del yin y yang. El objetivo siempre era que la tierra y las nuevas construcciones estuvieran en armonía con los ritmos naturales del universo.

Por lo tanto, en cierto sentido los chinos eran ambientalistas primitivos; violar la tierra constituía una herejía. Evitaban construir túneles en las montañas. Además de perforar la piel de la tierra, los caminos rectos conducen el chi con demasiada rapidez y no son buenos para nadie. Por ello, los caminos chinos tradicionales recorren lentamente los contornos de la tierra, evitando cualquier alteración al equilibrio y tranquilidad de la naturaleza.

Sin embargo, el "equilibrio" de un hombre bien puede ser la "maldición" de otro. La Gran Muralla China constituye un clásico del feng shui, pues se retuerce y gira a lo largo de cada desviación del terreno para evitar lastimar la tierra. Sin embargo, algunos consideran que ese muro de piedra, que atraviesa China a lo largo de 3.700 kilómetros hasta las cumbres del Himalaya, es contrario a los principios del feng shui.

En las últimas épocas de la dinastía Ch'in (221-207 a.C.), cuando el emperador murió y no se sabía quién lo sucedería, el honorable general Mêng T'ien y el heredero aparente estaban apostados en el tramo oeste de la Gran Muralla, que en ese entonces recién se terminaba de construir. Ignorantes de la muerte del emperador, recibieron una carta fraguada, supuestamente del emperador. La carta, producto del consejero eunuco del monarca fallecido, Chao Kao, cuyo objetivo era afirmar en el trono a su propio títere, acusaba a Mêng Tien y al heredero de traición, y exigía la muerte de ambos. Los registros imperiales hablan de un soliloquio de despedida, en el que Mêng Tien lamenta las injustas acusaciones, y luego se da cuenta de que, en verdad, ha traicionado a su país al restar importancia a la construcción de la Muralla. Al desgarrar las venas de la tierra, había puesto en peligro la agricultura y la política de su país. De hecho, pocos años después se produjo la caída de la dinastía.

Pero si bien los caminos o las obras de construcción malogran el equilibrio de yin y yang, el flujo de chi y las corrientes de viento y agua, el feng shui puede, en su mayor parte, restaurarlos.

Los chinos protegen con ferocidad su medio, cosa que ha sido causa de problemas para los colonialistas occidentales. Tomemos como ejemplo el destino del pobre señor Amaral, gobernador en el siglo XIX de Macao, una colonia portuguesa distante a sesenta y cinco kilómetros de Hong Kong. Cuentan que el señor Amaral combinaba su pasión por la construcción de caminos con el desprecio por las supersticiones chinas, en especial el feng shui. Sin duda interfirió con muchas tumbas chinas, pero cuando ya había cortado demasiadas patas de dragón, un asesino le cercenó la cabeza. (Según los chinos, el asesinato fue la venganza del feng shui[9]).

El feng shui, tal como era practicado por los campesinos chinos a través de los siglos, sigue bastante vivo en los Nuevos Territorios de Hong Kong. Hoy el gobierno de Hong Kong toma muy en cuenta el feng shui, en especial en áreas rurales. Antes de comenzar cualquier proyecto de construcción de viviendas, de fábricas u obras públicas, o de volver a ubicar aldeas o tumbas, los funcionarios del distrito o los planificadores corporativos deben consultar a los líderes de las aldeas. Esto se debe principalmente a la naturaleza de los Nuevos Territorios de Hong Kong. Arrendada al Reino Unido en 1898 durante noventa y nueve años, esta zona de más de cien mil hectáreas constituye probablemente el único gran sector del continente chino que conserva abiertamente el estilo de vida rural tradicional chino. Apretados entre el monstruo capitalista de Kowloon y la estridentemente comunista República Popular, los Nuevos Territorios han conseguido escapar tanto de los cuatro programas de modernización de la Nueva China como de, por ahora, la urbanización occidental.

Mientras que Hong Kong y Kowloon, que juntas conforman uno de los últimos asentamientos del Imperio Británico, son técnicamente inglesas como el Big Ben, los Nuevos Territorios continúan siendo tradicionalmente chinos y en esencia autónomos. Durante más de ochenta años, los británicos han llevado una cuidadosa política de no interferencia. Los funciona-

9. Eitel: *Feng Shui*, pág. 2.

rios delegan a los ancianos de las aldeas, los jefes de clanes que todavía toman las decisiones más importantes. Mientras la Guardia Roja destruía templos taoístas y budistas a escasa distancia de la frontera, las familias de los Nuevos Territorios, tales como los venerables T'ang, cuyas raíces se remontan a una princesa de la dinastía Sung que escapó allí en el siglo XI, conservan gran parte de la arquitectura, las costumbres y las creencias de la antigua China rural. (En vista de las conversaciones recientes entre China y Gran Bretaña, según las cuales los chinos tienen la intención de reclamar los Nuevos Territorios después del vencimiento del período de arrendamiento en 1998, el feng shui rural podría convertirse en historia antigua).

Los problemas cotidianos en los Nuevos Territorios no difieren mucho de los que tenía el general Mêng T'ien, aunque en una escala menor. Estos van desde alterar el paisaje para peor, cortar líneas de sitio de feng shui y perturbar tumbas y sus espíritus residentes.

La construcción de caminos constituye un problema especial. El gobierno o el constructor no puede simplemente despejar tierra y cubrirla con asfalto, pues podría estar cortando un capilar de una montaña con forma de dragón.

En 1963, en Taipo's Plover Cove, donde los británicos izaron por primera vez en 1898 el pabellón nacional en los Nuevos Territorios, la construcción sobre una ladera montañosa provocó grandes complicaciones. Cuando comenzaron las excavaciones apareció tierra roja, que para los aldeanos era la carne viva de un dragón herido. "Cuando llovía", recuerda John Warden, secretario del Ministerio de Gobierno de los Nuevos Territorios, "resultaba inquietante ver cómo el barro, que parecía sangre, salía de la herida en la ladera". En casos similares, los aldeanos cortaban ramas y follaje pa-

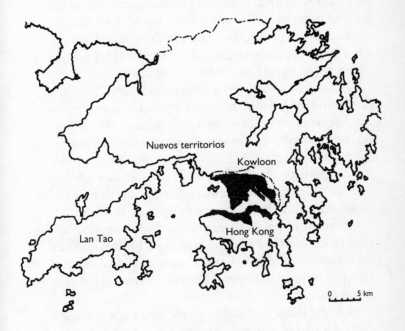

Mapa de Hong Kong
y los Nuevos Territorios.

ra tapar las heridas de la tierra. En esta oportunidad, para calmar a los perturbados aldeanos, se construyó una cerca de treinta metros por sesenta, a modo de vendaje, para evitarles la sangrienta vista. ¿Suena raro? Quizá, pero en Occidente, se juntan grupos de la comunidad para proteger el medio ambiente. Provocan escándalos al enterarse de proyectos de desarrollo que podrían dañar árboles locales y dejar colinas escarpadas. En lugar de feng shui, suele llamárselo "zonificación".

El feng shui suele tener cierta lógica para los burócratas de Hong Kong. Robert Upton, Director Regional Asistente de los Nuevos Territorios, explica: "Desde nuestro punto de vista también tiene sentido preservar espacios verdes como un bosque de colina en medio del poblado. La insistencia de los aldeanos implica nuestra cooperación inmediata. Lo que ellos dicen tiene sentido, aunque el enfoque es un poco diferente".

A veces hasta se alteran técnicas de construcción para evitar conflictos con el feng shui. En una zona de los Nuevos Territorios, para construir una casa, el constructor utilizó bloques de cemento en lugar de enterrar pilares.

Lo que llama la atención es que algo logre llevarse a cabo. La mayor parte de los proyectos en los Nuevos Territorios va precedido de una elaborada ceremonia de Tun Fu, un ritual general cuyo fin es aplacar a cualquier dragón o espíritu tutelar que haya en la zona. Los aldeanos aseguran que, sin ella, algo malo podría ocurrir.

En 1972, por ejemplo, a raíz de un camino que el gobierno proponía construir en la montaña guardiana, los aldeanos amenazaron con mudarse de esa zona, habitada por sus ancestros durante diez generaciones. Según explicaron: "Si se corta el cuello del dragón de nuestro feng shui, nuestra buena suerte desaparecerá, y tendremos mala suerte". Más de cuarenta y cinco años atrás, aseguraban, los habitantes de la aldea de Ting Kau habían muerto debido a que el aire de su dragón había sido destruido.

Así, año tras año el gobierno colonial de Hong Kong invierte decenas de miles de dólares en proyectos de construcción, piscinas, caminos, letrinas, sólo por mencionar algunos. La mayor parte del dinero es destinada a la ceremonia de Tun Fu. Tomando una actitud firme, el señor Upton dice: "Les damos una suma estándar de alrededor de 1.500 dólares estadounidenses, les pedimos que busquen un *lo* de feng shui (sacerdote, en cantonés) de su elección y les decimos que la semana siguiente volveremos con las topadoras". Con frecuencia el gobierno verifica que su contribución para el feng shui sea bien utilizado. Un ejemplo típico fue explicado por un tal señor Grout (véase Apéndice 1).

Sin embargo, a veces el Tun Fu no basta. Luego de la construcción de un sendero sinuoso en una ladera de montaña del Parque Saigung, varios residentes locales murieron. Aterrorizados, los aldeanos acudieron al gobierno de Hong Kong, quejándose de que el sendero había lastimado a un dragón. El gobierno cubrió el sendero con césped y todo volvió a la normalidad.

A veces las quejas por molestar a los dragones son sólo chantajes de feng shui. Varios funcionarios del gobierno aseguran que la suma estándar por las ceremonias de Tun Fu a veces constituye un incentivo para que los aldeanos sean hipocondríacos del feng shui. Dice el señor Warden: "Gran parte del dinero para el Tun Fu va a parar a los bolsillos de los ancianos de la aldea. No obstante, algunos oponen objeciones al feng shui por miedo genuino. Sin embargo, el feng shui es algo indefinible que la gente utiliza como maniobra para quitarle dinero al gobierno".

Finalmente, los funcionarios del gobierno ya aprendieron a detectar dichas extorsiones. "Me encuentro con un aldeano que me dice: 'Mire, no quiero oír hablar de dinero, pero la tumba de mi ancestro está aquí y ahí se quedará'. Esa clase de cosas", explica el señor Upton. "En el otro extremo de la balanza, dicen: 'No se puede mover', entonces yo respondo: '1.200 dólares'. 'No se puede mover', '1.400'. 'No se puede mover'. '1.600'. Una pausa. '¿1.700?' '¡Acepto!'".

El señor Upton dice que él y sus colegas después de un tiempo comprendieron ciertas reglas básicas del feng shui. Por ejemplo, no es difícil analizar formas naturales. Con un ojo un poco entrenado y una imaginación activa, un occidental novato es capaz de discernir dragones en un paisaje. De hecho, muchos funcionarios chinos y británicos de Hong Kong se convirtieron en los de feng shui aficionados.

En 1977, cuando el gobierno presentó a una aldea de los Nuevos Territorios una propuesta de camino, los aldeanos se resistieron. Según ellos, el camino iba a cortarle los dedos a su dragón, poniéndolo incómodo, irritable, hasta vengativo. Un funcionario versado en las sutilezas del feng shui comentó que si los aldeanos estudiaban bien el mapa, verían que el camino no iba a cortarle los dedos al dragón, sino solamente las uñas; así, tanto el dragón como la comunidad saldrían beneficiados. De hecho, el camino mejoraría su feng shui.

Como concesión, el gobierno aceptó construir un altar sobre una colina con vista a la aldea y al camino. Estos santuarios por lo general mejoran el feng shui, no sólo por su valor aplacador de espíritus sino también porque sus formas armonizan con el paisaje. De hecho, se dice que las pagodas sirven de pararrayos para el chi cósmico.

Un arquitecto del gobierno es considerado un sabio del feng shui. En un parque sobre la isla de Hong Kong, en la cima de una colina, diseñó una pagoda octogonal que, además de convocar los poderes de los ocho trigramas del *I Ching,* también dispersa el chi excepcionalmente fuerte y dañino que sopla del norte. A esta pagoda se le atribuye un éxito comercial que ocurrió poco después.

Los chinos consideran que las casas son agregados importantes del paisaje. Las pagodas de diferentes tamaños, réplicas de un universo en equilibrio, embellecen sus jardines. Las pinturas paisajistas suelen ilustrar un refugio montañoso, a veces grandes templos, en medio de montañas y cascadas. En realidad el feng shui comparte esta tradición, siempre y cuando el refugio no sólo sea armonioso con el paisaje sino también que destaque la belleza natural.

Irónicamente, el feng shui protector también puede causar muerte y destrucción. Había una piedra feng shui en un río de China, que hacía hundir incontables botes cada año. Los locales no querían moverla ni disminuir su tamaño, por miedo a que ocurrieran calamidades peores.

Con frecuencia las piedras del feng shui obstruyen el camino del progreso y las empresas. Como explica George Stevenson, un abogado de Hong Kong:

En Saikung, Nuevos Territorios, había una roca en un terreno perteneciente a un anciano de la aldea, y alguien trató de moverla. Muy poco tiempo después el hijo mayor del anciano se ahogó en el mar. Así adquirió un aura de mala suerte. Cuando nos presentamos con intención de comprar el terreno, nos ofrecimos a mover la roca a otro sitio, para poder construir una playa de estacionamiento de varios niveles, pero el anciano no cedió. Respondió que si la movíamos, su siguiente hijo iba a morir, así que tuvimos que esquivar la piedra.

A veces, incluso las casas pueden ser menos importantes que preservar el feng shui. Surgieron problemas cuando el gobierno de los Nuevos Territorios quiso ampliar un camino y hacerlo de dos vías. "Pero cerca del camino hay muchos edificios antiguos", observa el señor Upton.

En una primera etapa quisimos poner una de las vías al sur, dejando parte de la aldea en medio; así, no tendríamos que derribar ninguna casa. Un plan prolijo. Pero, oh desastre, descubrimos que estábamos en medio de una zona de feng shui: un monte arbolado, un río, un pequeño altar y hasta una roca de feng shui. Todo el espectro. No podíamos evitarlo. Así que los planes volvieron a la propuesta original, que implicaba derribar casas particulares. Perdimos por lo menos seis meses y varios cientos de miles de dólares (dólares de Hong Kong), y si nos vemos obligados a mover muchas casas, la cifra va a ascender al millón. De más está decir que así no se hacen las cosas en Inglaterra.

Por lo general el sitio es muy importante. Vivir en un lugar equivocado puede provocar desastres. A principios de este siglo, toda una aldea se mudó a otro sitio porque ningún varón de la aldea llegaba a los cuarenta y cinco años y ningún pollo quería vivir ahí; era evidente que el feng shui era malo. Aunque los aldeanos eran muy pobres, gastaron mucho dinero, tiempo y trabajo. Con su propio esfuerzo, se mudaron de un costado del valle al otro. Después de la mudanza, los hombres vivieron hasta una edad madura y los pollos nunca más se alejaron mucho de sus corrales.

El feng shui tiene su fundamento científico. El valor de los canales data de alrededor del año 3500 a.C., cuando los chinos se convirtieron en los primeros cultivadores de arroz. Para el cultivo de arroz, un río sinuoso constituye una bendición natural, que proporciona mejor irrigación y un suelo más fértil que un torrente recto. Dichas condiciones producen cosechas más grandes, quizá más sabrosas, lo cual permite que una familia sea más sana y próspera: éste es el origen del vínculo feng shui entre el agua y el dinero.

Mediante la orientación norte-sur, el experto en feng shui aprovecha el poder solar como calefacción. En China, aldeas neolíticas enteras daban al sur. Tradicionalmente los chinos protegían sus casas de los vientos del norte ubicándolas en el guardabrisas natural de una colina al norte, o construyendo un muro sin puerta al norte. En los Nuevos Territorios de Hong Kong, las aldeas en la actualidad por lo general respetan estas reglas. La única modificación es que la mayoría no se sitúa en las montañas, sino al pie de las colinas, para que los trabajadores estén más cerca de los cultivos. En esos casos, una hilera de árboles especiales de feng shui separa la aldea de la colina.

Aunque una zona pueda estar totalmente deforestada, suele dejarse un grupo de árboles en pie por razones de feng shui. Los árboles sirven ya sea como barrera contra el viento, o poseen un significado místico potente. Esta tradición es tan fuerte que, incluso en la República Popular, donde los funcionarios afirman que el feng shui es "retrógrado" o "supersticioso", estos árboles son importantes para la vida y la subsistencia. A lo largo de la campiña de Guilin pueden verse

colinas desnudas, despojadas de árboles por los leña-
dores. Sin embargo, de tanto en tanto aparecen colinas
repletas de árboles, siempre con una granja en su base.
Un guía chino señaló este hecho como evidencia del
feng shui: los granjeros se negaban a permitirle al gobierno cortar los árboles. Dicha práctica, en realidad,
resulta útil, pues proporciona una buena protección
para las casas. Previene la erosión del suelo e impide
que se produzcan peligrosos aludes de barro en las colinas. También actúa como pantalla de casas y cosechas. Esta misma situación puede hallarse en otras comunidades agrícolas más modernas en China.

Sin embargo, dejando de lado el valor práctico, los
árboles de feng shui han sido preservados, durante siglos, para evitar desastres a raíz de su destrucción. Tan
fuerte era este sentimiento que, en la China de fines del
siglo diecinueve, el alto precio de la madera de alcan-
for utilizada para construir barcos fue adjudicado directamente al feng shui:

> La población proveedora de madera está tan influi-
> da por la superstición del feng shui, que son nece-
> sarias grandes ofertas para inducirla a entregar su
> producto. (*Peking Gazette*, enero 1, 1877[10]).

El feng shui rural está plagado de supersticiones.
Algunos árboles y piedras son considerados místicos;
se los venera como si fueran altares a la vera del camino. En Hong Kong, las ramas de un viejo árbol siempre verde suelen estar festoneadas de peticiones a los
dioses. Árboles semejantes también pueden encontrar-
se en Singapur, donde los programas masivos de reno-

10. Stephan Feuchtwang: *An Anthropological Analysis of Chinese Geomancy*. Vientiane, Laos, 1974, pág. 128.

vación urbana suelen quedar en la nada. En medio de la antigua ciudad China en Singapur, se yergue un árbol viejo y nudoso. Aunque la zona fue despejada para su renovación, en medio de los escombros quedó el árbol, atendido por un anciano y cubierto de papel rojo y palillos de incienso. Un residente de Singapur explica: "Hubo un gran alboroto, así que las topadoras esquivaron cuidadosamente el árbol. Todo quedó aplastado a cientos de metros alrededor, pero el árbol siguió de pie como un oasis en medio de un desierto. No tienen ningún problema en destruir las casas de miles de personas, pero no tocarían ese árbol por nada".

En Hong Kong, a veces los árboles de feng shui no son viejos, pero se los cultiva como protección contra nuevos espíritus malignos: edificios altos, fábricas que lanzan humo, caminos, o como límite de aldea o como cercado para resguardar la intimidad. A veces, cuando se construyen fábricas o torres nuevas cerca de una granja o de una aldea, los locales reaccionan plantando árboles para impedir los efectos malignos del edificio o a fin de neutralizar la polución o chi malo.

(Sin embargo, en algunas prácticas de feng shui los árboles y las plantas pueden ser indeseables. Son vistos como refugios de espíritus malignos a la espera de dañar la salud de una persona. En Cheung Chau, una de las islas fronterizas de Hong Kong, un periodista occidental regresó a su cabaña recién alquilada para encontrar que los árboles y las flores circundantes habían sido cortados y reemplazados por una capa de cemento. Su casero, que vivía en el piso superior, le explicó que la vegetación era terreno fértil para los males que podría sufrir su familia).

No es raro que un experto en feng shui utilice elementos científicos rudimentarios para buscar un buen sitio, y después disfrazar su selección con misticismo.

Al situar un horno de ladrillos, un experto en feng shui, ataviado con una bata de color azafrán, tendió una mesa con vino, incienso encendido y papel religioso. Pese a estos elementos místicos, en realidad el sacerdote no estaba adivinando el sitio por medio de la comunicación con los dioses, sino a través del uso cuidadoso del método científico. Descubrió, observando el humo del incienso, la dirección general del viento. A continuación, calculó el ángulo necesario para alejarlo de la aldea. Al encender dinero religioso, pudo estimar hasta qué altura volaban las cenizas, y determinar así a qué altura debía llegar la chimenea.

La orientación con el tiempo se hizo más sofisticada y mística. El primer compás del mundo fue inventado en China, no para su uso en la navegación, sino con fines geománticos. En la actualidad, algunos expertos en feng shui utilizan una versión intrincada de este mismo compás, con todos los elementos del universo chino incluidos, a veces hasta veinticuatro círculos concéntricos alrededor de una calamita. El fin, en resumidas cuentas, es armonizar la perfección del universo con la tierra.

Esta manera de designar sitios puede resultar muy pesada. Tomemos como ejemplo el Templo Tin Hau, situado en el centro de la aldea Tsuenwan, en los Nuevos Territorios. La antigua estructura de 200 años obstruía el tendido de las vías del Ferrocarril de Tránsito Masivo. Los aldeanos insistían en que el templo constituía el feng shui bueno de Tsuenwan, y que gracias a él, la aldea se había desarrollado rápidamente hasta convertirse en una zona próspera. Se llegó a un acuerdo: el templo sería movido para permitir la construcción del ferrocarril, pero después sería reconstruido, ladrillo por ladrillo, en el mismo lugar, con vista a la misma dirección (oeste). El precio: 400.000 dólares estadounidenses.

Aunque el compás es una herramienta tradicional de feng shui, hoy en día algunos geománticos aseguran poder prescindir de él. Dice Lin Yun: "Yo he internalizado el compás".

TUMBAS

Las tumbas en Hong Kong parecen estar situadas en los mejores lotes de tierra. Cientos de tumbas en las montañas de Hong Kong gozan de vistas de un verde exuberante, el Mar de China Meridional, islas que parecen surgir abruptamente del agua brillante, como espaldas de ballenas jugando en la bahía.

Durante miles de años, los chinos, desde emperadores hasta campesinos, han invertido mucho pensamiento y dinero en la elección de sepulturas. Ellos creían que, a menos que los muertos fueran enterrados en forma adecuada, los descendientes sufrirían. Se cree que el hijo de un ancestro con una tumba excepcionalmente buena será recompensado con riquezas, salud, muchos hijos y quizás hasta una posición elevada.

Las tumbas, insiste Chen To-sang, un experto en feng shui de Hong Kong, son los elementos más importantes del feng shui. Por ejemplo, él atribuye las muertes de John F. y de Robert Kennedy a "una tumba mal situada; sin lugar a dudas la tumba de algún ancestro tiene mal feng shui". Siguiendo la misma línea de razonamiento en 1979, predijo que Teddy Kennedy nunca sería elegido presidente.

Dotado de percepción retrospectiva, Lin Yun atribuye la gran cantidad de problemas que sufren los Estados Unidos a la tumba de aspecto bastante insignificante de su padre fundador, George Washington. Además de estar situada en un lugar demasiado bajo al pie de una colina en Mount Vernon, la entrada a la tumba está bajo la sombra de un gran árbol plantado a varios metros enfrente; así, la falta de sol y el flujo limitado de chi obstruyen el desarrollo del país.

El feng shui de las tumbas está relacionado con la práctica ancestral de los chinos del culto por los ancestros. En el siglo XIX, un misionero denunció esta práctica como egoísta y contraria a las enseñanzas de Confucio.

Al situar una sepultura, los expertos en feng shui utilizan muchos de los métodos que se emplean para los vivos. Deben estudiarse las influencias externas del área: si la tumba está lo suficientemente cerca de alguna fuente de agua, si la orientación es correcta, con el dragón verde a la izquierda y el tigre blanco protegiendo el flanco derecho, la tortuga negra atrás y el ave fénix rojo enfrente. Ha habido entierros que fueron demorados meses hasta encontrar el sitio perfecto.

Un geomántico atribuyó el ascenso al poder de Sun Yat-sen a la sepultura bien situada de su madre en Clearwater Bay, Nuevos Territorios. La tumba sigue las estructuras clásicas del feng shui: yace sobre el lado sur de una tortuga con vista a las azules aguas del Mar de China meridional. A su izquierda hay una montaña, el dragón verde; a la derecha hay una colina más baja, el tigre blanco. Además de las colinas circundantes, la vista y el sitio de una masa de agua, que simboliza dinero, también son importantes. Algunas personas compran tierras frente a las tumbas de sus ancestros para asegurarse de que no se construyan edificios que impidan su acceso a la riqueza.

Las formas de las montañas pueden ejercer influencia sobre los descendientes del difunto. Una montaña deformada puede traer mala suerte. Una norteamericana nacida en China vincula la deformidad real con la fisura de una colina frente a la sepultura de sus ancestros. "Desde que empezamos a enterrar allí a nuestros muertos", explica, "cada generación dio a luz una criatura con labio leporino".

A veces, al situar una tumba se utiliza cierto fundamento científico. Desde hace mucho tiempo, el área al norte de Loyang es famosa como terreno para sepulturas, principalmente debido a que la capa freática, al ser baja, mantiene los cadáveres secos e impide que se descompongan. Así, creían los descendientes, se preservaba la suerte y la riqueza de la familia.

Proliferan las historias y leyendas sobre las maravillas y el poder de las sepulturas feng shui. Se cuenta que, en la dinastía Ming, un hombre fue emperador por colgar el ataúd de su padre en una cueva de montaña: la boca del dragón. Así, el padre literalmente pasó a ser la lengua del dragón.

Además de los descendientes, también el destino de una nación depende, dicen, de la sepultura correcta del soberano. Cuando un país es asolado por la mala suerte, el origen de ésta puede no ser la situación económica o política, sino el mal emplazamiento de la tumba de un mandatario. Algunos chinos aseguran que los problemas políticos de Taiwan, en especial el reconocimiento por parte de los Estados Unidos de la República Popular de China en 1978, están relacionados con la situación incorrecta de la tumba del generalísimo: sobre un dragón vivo en lugar de uno para los muertos.

Hay gente que no tiene reparos en utilizar a los muertos para perjudicar a sus enemigos. Hace unos cincuenta años, en Taiwan, la gente atribuyó el ascenso de una familia rica al buen emplazamiento de la tumba del padre por parte de un astuto profesor de feng shui originario de China. La familia prosperó y tuvo infinidad de hijos, quienes a su vez tuvieron éxito, hasta que el maestro de feng shui viajó a Taiwan y fue mal recibido por la familia. Para castigar su ingratitud, el maestro compró la parcela frente a la tumba y plantó un semicírculo de bambúes, con un camino que unía los extremos y otro perpendicular dirigido a la tumba, como si fueran un arco y una flecha. Extrañamente, la lápida se partió en dos. En menos de tres años la familia se fue a la ruina y muchos de sus integrantes murieron. Entonces contrataron a otro experto en feng shui de China, para que averiguara qué había salido mal. Éste discernió el problema, y lo solucionó restituyendo la lápida y colocando dos conejos de piedra a cada lado de la tumba con las patas extendidas, listas para atrapar la flecha (los conejos son rápidos). Al año, todo había vuelto a la normalidad.

Las tumbas constituyen el ejemplo sobreviviente más antiguo del feng shui en China. Al igual que los egipcios, cuando enterraban a la realeza, los chinos tenían mucho cuidado en crear un ambiente donde los muertos descansaran eternamente y con tanta paz y confort como fuera posible. La tumba de Ch'in Shih Huang Ti, primer emperador de China, es un montículo de tierra hecho por la mano del hombre, dispuesto en un eje norte-sur, con un ejército de tamaño humano flanqueando el túmulo. De hecho, en la bóveda se recreó un diseño palaciego. Producto de setecientos mil obreros, el interior de la tumba representaba la armonía del universo, con constelaciones estelares pintadas en el techo y la topografía terrestre completa, con ríos mecánicos de azogue y océanos en el piso. (En dinastías anteriores, se aseguraba la seguridad y confort de un soberano muerto enterrando sirvientes, carros, caballos y enemigos decapitados).

Si la tumba se salvaba de los saqueadores, el interior revelaba elementos favoritos: frescos de procesiones cortesanas y religiosas, monedas, bronces y espejos. En la actualidad, los chinos continúan con esta tradición ancestral de enviar objetos valiosos al mundo espiritual, quemando mansiones, jets Lear, autos, sirvientes, ropa, artículos de tocador, recipientes, sartenes, dinero y anteojos para sol: todos, por supuesto, hechos de cañas de bambú y papel. Otros objetos favoritos del fallecido, como por ejemplo cigarrillos, son colocados en el ataúd.

En algunas tumbas imperiales se logró una especie de inmortalidad, la búsqueda perenne de los chinos de la antigüedad. En la tumba de una princesa de la dinastía Han, el geomántico debió de haber encontrado un sitio seco y propicio para preservar durante dos mil años, no sólo su cuerpo sino también la bata de seda que ella tenía puesta el día de su funeral.

Una tumba en los Nuevos Territorios estaba tan bien situada que permaneció intacta durante trescientos años. Se han construido edificios modernos de menor importancia alrededor de ella, y la sepultura T'ang, en forma de herradura de caballo, permanece asentada en varios metros cuadrados de las mejores tierras de Tsuenwan , con una línea de feng shui hacia el mar. (La forma misma de la tumba es considerada favorable, pues imita la formación montañosa en sillón). El emplazamiento de las tumbas en los Nuevos Territorios ha beneficiado financieramente a los descendientes de los fallecidos. Cuando el gobierno o contratistas privados desean construir un edificio o un camino, suelen tener que pagar elevadas sumas para la exhumación y reubicación de tumbas; a veces deben incluso apartarse de proyectos públicos.

Las tumbas en los Nuevos Territorios son como trampas. Al parecer todo el campo está minado de urnas funerarias. En Yuen Long, cuando el gobierno quiso allanar un camino "para beneficio exclusivo de los aldeanos", encontraron montones de urnas funerarias con huesos secos y deteriorados. Los descendientes insistieron en que ese sector del camino no fuera perturbado, que quedara sin asfaltar. Hoy el camino de asfalto está interrumpido por un trecho de tierra de tres metros.

Los hombres del feng shui se ocupan de situar tumbas también en cementerios católicos y otros cristianos. En todos los casos deben adivinar cómo sacar el mejor provecho al chi. La forma de la parcela, según Lin Yun, resulta importante: debe atraer y atrapar chi. Una parcela cuadrada es la mejor. También es propicio que el interior sea angosto y la entrada, amplia.

Una entrada angosta causa problemas. "Si el sector angosto está a la entrada y la parte ancha atrás, este hecho influye drásticamente en la vida, la carrera y las oportunidades financieras de los hijos y nietos. Su camino se volverá cada vez más angosto". La zona no debe tener una sensación de encierro, de claustrofobia.

En cuanto a la lápida, debe estar ubicada en la cabecera de la tumba. El mantenimiento, dice Lin Yun, es importante. A veces la lápida puede cambiar de color. Si se ennegrece, ocurrirá una catástrofe en la familia. "Si la piedra se pone blanca, dentro de los dos o tres años siguientes la familia sufrirá un acontecimiento blanco", asegura Lin Yun. (El blanco es el color que utilizan los chinos para expresar el más profundo luto). Lin Yun aconseja, entonces, ya sea raspar hasta quitar el blanco o el negro: una solución racional o, mejor aún, "utilizar el *chu-shr*, el modo trascendental, y frotar la mancha blanca ya sea con *jusha* (un polvo medicinal rojo) o vino de *jusha*".

Un sitio yin debería ser más seco que uno yang, para que el cuerpo y el ataúd no se pudran con rapidez. Por esta razón, Lin Yun dice que una familia debe asegurarse de que la parcela posea buen drenaje para extraer el agua de lluvia y que el drenaje de las tumbas vecinas no caiga en la parcela.

Cuatro

EL FENG SHUI DE PUEBLO

El viento del valle

Viviendo en recogimiento más allá del Mundo
Disfrutando en silencio del aislamiento,
Cierro mi puerta con más fuerza
Y lleno mis ventanas con raíces y helechos.
Mi espíritu está en armonía con la primavera:
Cuando es otoño, hay otoño en mi corazón
Así imito los cambios cósmicos
Mi choza se convierte en un Universo[11].

11. Lu Yün (262-303). Waley: *Translations from the Chinese*, pág. 79.

El feng shui posee sus raíces en los orígenes mismos de la sociedad. Con infinidad de sitios de donde elegir, los primeros hombres que construyeron casas naturalmente buscaron los sitios más accesibles y confortables. De cara al sur, a salvo de las inundaciones, protegidos del viento norte, el hombre y sus rebaños vivían entre el sol cálido, agua y plantas abundantes. Quienes tenían mejor ojo para tales sitios prosperaban.

En los pueblos y suburbios, incluso en la más densa de las ciudades, las reglas del feng shui rural pueden funcionar, y de hecho sirven. La búsqueda de chi y el equilibrio entre yin y yang siguen siendo los objetivos principales en el emplazamiento de casas. Los chinos en Hong Kong no vacilan en señalar que los gobiernos coloniales anteriores, a sabiendas o no, respetaron los principios básicos del feng shui. Todos los expertos en feng shui a quienes consulté coinciden en que la mansión del gobernador, que se erige en lo alto del corazón del distrito financiero de Hong Kong y de Victoria Harbor, ocupa uno de los sitios coloniales más propicios. Aseguran que gran parte del éxito financiero y político de la colonia se debe a este edificio blanco de setenta años de antigüedad. Construido cuando Hong Kong era apenas un pequeño pueblo portuario, la entrada a la mansión no da al puerto, como podría esperarse, sino a los jardines botánicos sobre la colina. Se dice que este hecho ayuda a que el gobernador adopte políticas sensatas y equilibradas. Dice Chen To-sang:

Si estuviera de frente al agua, no sería tan bueno. Verá, a la derecha de la casa se encuentra Victoria Peak, un dragón cuya espalda recorre el jardín hasta la entrada de la casa. Por ello el gobernador disfruta del chi que prácticamente viene hasta su puerta. Y como si no fuera suficiente, hay otra montaña que la rodea, de modo que, junto con Victoria Peak, protege la casa, acunándola como una madre cariñosa.

Con la invasión del paisaje por parte de la civilización, inevitablemente las antiguas creencias debieron descartarse. La construcción de caminos, la rotura de tumbas y urnas funerarias o el desplazamiento de una determinada piedra —todos ellos cruciales para la vida aldeana o agrícola— adquirieron menos importancia. El experto moderno en feng shui se enfrenta a un nuevo ambiente. A medida que más gente se muda a una zona, resulta inevitable que el número de lugares selectos sea menor: no todas las casas pueden tener vista al mar, o tener una colina atrás; las parcelas definidas y las calles regulares requieren nuevas reglas y variaciones sobre las antiguas. A todo esto se han adaptado los expertos en feng shui. Deben conciliar y explotar no sólo las fuerzas tradicionales de las montañas, los árboles, los vientos y el agua, sino también el sinnúmero de formas modernas producto del hombre: caminos, desagües, formas de parcelas y de casas, casas vecinas e incluso temas esotéricos como la zonificación.

Cuando la mano del hombre viene a dominar un paisaje, la arquitectura también desempeña un papel cada vez más importante en el funcionamiento del feng shui. Pese a todo lo que se habla sobre formas naturales, los edificios chinos tradicionales no encajan armoniosamente en el paisaje, por lo menos para los estándares occidentales. De hecho, desde el segundo milenio a.C., las casas, templos y palacios chinos, incluso ciudades enteras, seguían líneas geométricas formales: un complejo de edificios en forma de "U" complementado por una pantalla o paredes circundantes. Estas reglas estaban lejos de ser arbitrarias, sino simbólicas y sagradas. Por una parte podían considerarse imitaciones angulares de montañas, representaciones más refinadas del ideal de feng shui, con un eje norte-sur. Un buen ejemplo de lo anterior es Erh Li-Tou, un palacio de la dinastía Shang (1766-1123 a.C.), situado en la provincia de Henan. El edificio principal se levanta en la parte norte del complejo, de frente al portón de entrada y por lo tanto de cara al sol. Dicha disposición debe de haber derivado de la formación protectora y arquetípica de los animales de montaña: el ave fénix rojo, la tortuga negra, el dragón verde y el tigre blanco. Protegía a los residentes de los recios vientos del norte.

Hasta hace poco, en todo el imperio, los chinos, fueran príncipes o mendigos, construían casas que seguían este modelo, con sólo leves modificaciones, utilizando ladrillos de medidas uniformes. Si una familia crecía, se limitaban a construir otra unidad cuadrada. A veces las construcciones abarcaban media docena de tales unidades.

Hasta los arquitectos contemporáneos, formados en Occidente, admiten utilizar conceptos básicos de feng shui. Eric Cumine, al diseñar el Hong Kong Country Club, tuvo que vérselas no sólo con los límites de la propiedad, producto del hombre, sino también con el paisaje circundante: una montaña atrás y el mar enfrente. "Traté de disfrazar los límites de la propiedad y de trabajar con los límites naturales, equilibrando el área con arbustos aquí y árboles allá". Así, en relación con la parcela, el club está torcido, en línea solamente con los elementos naturales. Explica el señor Cumine: "Los diseños más exactos son desiguales. La simetría no es necesaria para lograr equilibrio. La naturaleza no es simétrica; nuestros rostros no son simétricos, como tampoco nuestros corazones".

Las colinas ocupan un sitio prominente en el desarrollo de los pueblos en todas partes del mundo. Mientras que en el Occidente se utilizaban para centrar pueblos y fortalezas, para los chinos tradicionalmente han sido barreras benévolas, defensas contra los bárbaros mongoles y los fríos vientos del norte. También se creía que las colinas —o en zonas llanas, los montículos de tierra— proporcionaban calor, haciendo la vida más confortable durante el invierno. Tal como lo confirman los arquitectos modernos, también conservan frescura en el verano.

La forma de una colina, producto de la acción del viento y del agua, resulta crucial en el feng shui de pueblo. Vistas como prominencias de tierra formadas por chi bueno, las colinas presentan imágenes ricas y útiles, que normalmente se asocian con las áreas rurales: dragones, tigres, aves fénix y demás. (No obstante, a diferencia del campo, las ciudades y suburbios se rindieron hace rato a las alteraciones hechas por el hombre en el paisaje. Los residentes rara vez reaccionan en protesta ni exigen ceremonias de Tun Fu apenas ven una topadora). El peor sitio para realizar una construcción es un terreno sin forma: una llanura plana sin ondulaciones formadas por chi. Esto probablemente se debe a que, en la antigua China, una casa así construida se veía amenazada por las inundaciones a causa de los deshielos primaverales o de las fuertes lluvias.

Mirando las colinas de costado, los chinos perciben tres formas básicas: redonda, cuadrada o triangular. La gracia de una colina redondeada y de un valle suave naturalmente son los preferidos, pues ofrecen una continua redondez de contornos. Un montecillo cuadrado,

Colina o parcela triangular:
construir la casa sobre el músculo de esta forma
de concha para retener el chi y el dinero.

con la casa en la cima, protegerá la casa de las inundaciones, pero la expone a los vientos cortantes y fuertes. La tierra triangular es habitable sólo si posee terraza, o si la casa está situada justo en el lugar correcto. Si por casualidad una colina triangular tiene aspecto de mejillón o de concha de almeja, Lin Yun sugiere no construir la casa en la ladera de la colina, sino donde se encuentra el músculo pegajoso del animal, a fin de retener el chi y el dinero.

Según la tradición, una casa china debe estar construida en un sitio dominante pero bien amparado: el clásico es a mitad de ladera de una colina con vista al mar en el sur. En este caso los principios del feng shui coinciden con las ideas occidentales de buena ubicación. "Algunas personas, a pesar de no conocer el feng shui", comenta Lin Yun, "eligen un buen sitio para vivir". (No es de sorprender que tales personas sean las ricas, dueñas de casas en la playa con vista al mar y una montaña detrás). No obstante, el mejor arreglo es aquél de una colina con forma de sillón, que protege la casa por tres costados: el así llamado dragón azul celeste, el tigre blanco, la tortuga negra. Por otra parte, una mala situación es bajo una protuberancia o saliente: una "cabeza de tigre" o "cabeza de león". Sería insensato tentar a semejante bestia construyendo la casa debajo de su boca.

La preferencia de un sitio protegido antes que la cima expuesta de una colina posee raíces profundas en el carácter chino. A diferencia de los occidentales, quienes parecen querer dominar la naturaleza, el objetivo de los seguidores del feng shui es utilizarla. La isla de Hong Kong, con sus montañas imponentes, muestra ambas caras de la dicotomía. Para los residentes expatriados y algunos chinos occidentalizados, existe una jerarquía simbólica: cuanto más alto vive una persona, mejor es su posición; el Peak constituye el pináculo del prestigio. A muchos chinos les divierte que los opulentos directores de empresa y diplomáticos residan en mansiones, lujosas torres y consulados en el Peak, a quinientos metros de altura, por lo general envueltos en húmedas nieblas y castigados por el fuerte viento, además de tener que soportar un largo viaje desde la mayor parte de las oficinas y las tiendas. En cambio, muchos chinos opulentos prefieren el confort de los departamentos en un nivel medio, protegidos en la montaña, a menudo con mejores vistas, mayor conveniencia y protección de los tifones. (No obstante, Lin Yun agrega que una casa podría estar construida en la cima de una colina, pero sólo en un sitio excepcionalmente bien dotado de chi).

Por supuesto, desde el punto de vista del feng shui, el desarrollo suele desequilibrar la naturaleza. Los caminos cortan venas de montaña o los edificios altos cortan como cuchillos la carne de la tierra. En estos casos, el ávido ojo del experto en feng shui ha probado ser indispensable. Los arquitectos, ingenieros y contratistas de Hong Kong suelen solicitar su consejo. Los expertos en feng shui miran más allá de las señales inmediatas, buscando señales de peligro o de buena suerte. En Po Shan Road, Hong Kong, un grupo de constructores cortó la ladera de una montaña para crear una terraza y construir un edificio de departamentos lujosos. En 1975, un experto en feng shui que estudiaba uno de los departamentos advirtió a sus ocupantes que se mudaran de inmediato: "Hay un peligroso sapo agazapado en la punta de esa pendiente", dijo, señalando una saliente. "En cualquier momento podría saltar". La familia no dudó en mudarse, y una semana más tarde, después de fuertes lluvias producidas por los tifones, un "sapo" en forma de alud se deslizó por la pronunciada pendiente, dejando enterrado el edificio y matando a ochenta inquilinos.

Sin embargo, a veces el geomántico puede mejorar el paisaje feng shui. Si una colina se parece a un animal sin cabeza, una casa construida en el cuello colocaría a los residentes en una posición de reflexión y control. La casa, al formar la cabeza, no sólo completa un diseño natural, sino que también trae armonía al paisaje, aumentando su chi y el de sus residentes.

AGUA

En los emplazamientos de pueblo, al igual que en el feng shui rural, la topografía del agua, que simboliza dinero, resulta crucial. Puede haber demasiada o demasiado poca, ambas posibilidades igualmente malas. Una casa situada en el seno de una bahía redonda es mejor, pues el agua es redonda y el dinero es equilibrado e ingresa; por otra parte, las casas emplazadas en el extremo de una punta pueden causar problemas, pues no hay nada que retenga el agua ni el dinero. Otro buen lugar para una casa es en la confluencia de ríos. Pero un río que atraviesa un patio, cerca de la casa, emite chi malo y puede llevarse la fortuna de una familia.

Los estanques, lagos o ríos frente a una casa por lo general son buenos, pues confieren chi a los residentes. Pero Lin Yun advierte que debe averiguarse si las aguas están "vivas": limpias y en movimiento, que activan el chi puro y bueno, o "muertas": sucias y estancadas, peligrosas para la salud, reducen el chi y además son fuente de mosquitos. El agua muerta también puede influir en el modo en que los residentes viven de sus ingresos, y los predispone a recurrir al dinero corrupto. El complejo Watergate, señala Lin Yun, tiene buena ubicación en Washington; tiene vista al río Potomac y su chi financieramente beneficioso. Sin embargo, debido a que el río está contaminado, el dinero podría estar sucio y dar lugar a diversas actividades nefarias.

Como en toda la filosofía del feng shui, un lago o estanque de jardín debe estar equilibrado. Debe estar lo suficientemente cerca de la casa para que ésta se beneficie del chi del agua, pero no tan cerca como para ser destructivo o peligroso. El chi de esta última clase, dice Lin Yun, salta rápidamente del agua, golpeando la casa como un impacto de escopeta y causando "hechos desafortunados". A fin de atraer aguas distantes, Lin Yun prescribe colgar un espejo que actúa como imán para el chi. Para modificar el chi de un estanque demasiado cercano a la casa, Lin Yun sugiere alargar la distancia colocando un sendero sinuoso desde el estanque hasta la casa. Esto es similar a los senderos tortuosos, arcos y puentes en zigzag de los jardines chinos y japoneses, que prolongan el intervalo espacial y temporal de un punto a otro, alargando artificialmente el paisaje y otorgando a un jardín pequeño la apariencia de ser más grande y simbolizar el universo en un microcosmos.

El tamaño también es importante, y si el lago fuera más grande que la casa, su chi puede agobiar a los residentes. Según explica Lin Yun: "El aspecto más importante de la tierra debería ser la casa donde vive la gente, no el agua. Ellos son los anfitriones y el estanque, el huésped. El huésped no debería ser mayor que el anfitrión". Para corregir una situación inconveniente, Lin Yun utiliza una lámpara, un jardín de rocas o un árbol al final del patio frente al estanque. Según Lin Yun, eso equilibra el área, extiende el dominio de la casa y desaloja el chi excesivo del estanque.

Desde épocas antiguas, los chinos ponían énfasis en la forma de la masa de agua. Lo ideal era un estanque con forma de luna en cuarto menguante, lejos de la casa. El feng shui de los pozos caseros se discierne a través de un análisis de yin y yang: el agua del pozo (yang) se agita en el pozo (yin); la gente (yang) se mueve en la casa (yin). Por lo tanto, al cavar un pozo y llenarlo con agua, el yin desaparece y es reemplazado por yang. En la casa, la repercusión podría ser la enfermedad o muerte de una persona (yang) para equilibrar la pérdida del yin del exterior. De hecho, Lin Yun asegura que la creación de un nuevo pozo o ventana puede traer enfermedad o muerte a una familia. Pero agrega que, afortunadamente, los pozos viejos de las casas por lo general están bien, siempre y cuando los residentes no hayan tenido problemas.

Un pozo estancado, con poco mantenimiento, puede convertirse en lo que Lin Yun llama "un depósito de pena y amargura". Una cura consiste en colocar una planta en su parte superior, para atraer el chi malo y volverlo más positivo. Las cloacas también son malévolas, pero una tapa que esté cerca de una casa puede ser neutralizada colocando una maceta llena de arroz sobre la tapa, de modo que la familia crezca y coma bien.

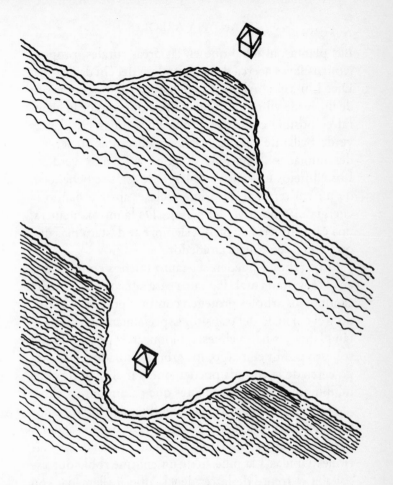

Formas de agua: una casa en el seno de una bahía es mejor, pues el agua y el dinero fluyen hacia dentro. Una casa situada en una punta puede estar mal situada, sin nada que retenga el dinero.

Las plantas, al igual que en las áreas rurales, proporcionan claves acerca de la naturaleza del chi de la zona. Dice Lin Yun: "Algunas tienen poca sombra, otras son de un verde vibrante, como césped nuevo. Por lo general es posible conectar en una línea todas las plantas verde brillante". Tales franjas exuberantes suelen ser denominadas "venas de dragón" o "cintas verdes". Los edificios ubicados a lo largo de éstas se benefician de un chi terrenal de primera clase, aprovechando la energía más positiva del paisaje. De la misma manera, una casa cubierta de hiedra siempre se destaca más que otra con poco follaje alrededor.

Los árboles pueden ser tanto buenos como malos en el feng shui rural. Para una casa situada a la vera del camino, los árboles protegen contra la polución, el ruido y el chi malo del tránsito. Especialmente cuando están plantados hacia el oeste, bloquean el peor calor del sol estival. Sin embargo, los árboles situados demasiado cerca de la entrada pueden quebrar el flujo de chi e inhibir aquél de los residentes que pasan junto a ellos.

Debido a su conexión con el flujo de chi, los árboles suelen considerarse presagios. De hecho, algunas personas atribuyeron la expulsión de Taiwan de las Naciones Unidas a la muerte de un enorme roble que escoltaba el frente de la residencia oficial (llamada, con buen tino, Robles Mellizos). Durante más de una década el embajador se preocupó pero no tomó ninguna medida, mientras el árbol lentamente se marchitaba. Justo cuando el árbol tuvo que ser cortado, la embajada tuvo que votar a favor de su rival, la República Popular. Lin Yun comenta: "Si en ese entonces lo hubiera sabido, les habría aconsejado plantar un roble mejor, más grande y más costoso en lugar del roble marchito".

CALLES Y CAMINOS

El acceso feng shui a una casa debe ser cordial, no directo. El ideal es un agradable sendero sinuoso, o por lo menos una casa a un costado del camino. La peor situación es al final de un camino recto como una flecha y cerrado, conducto rápido del notorio "chi asesino". Los residentes de estas casas pueden ser víctimas repentinas de extraños accidentes y enfermedades inesperadas. Sus amigos no serán dignos de confianza y los criticarán en secreto, "apuñalándolos" por la espalda y "señalándolos" con dedos acusadores. Estos sitios tan terribles, así como su prima, la intersección de dos calles perpendiculares, sufren en cuanto a valor monetario en un pueblo chino. En Singapur, por ejemplo, una casa situada en el extremo de una calle muerta fue tasada diez mil y hasta cincuenta mil dólares menos que su vecina, casi idéntica, pero situada a la vera del camino. Ed Hung, director gerente del *Hong Kong Star*, tuvo un problema con un camino de una sola mano que descendía de la colina justo hasta la entrada de su casa. "El camino era malo", explica "porque los faros de los autos se aproximaban a nuestro portón como tigres acechando en la noche". Para defenderse de los efectos malignos del chi asesino de los autos, la familia instaló un estanque de peces en el pequeño patio entre el camino y la casa. Lin Yun agrega que, si se hubiese agregado una fuente o una rueda hidráulica, el chi asesino del camino habría desaparecido más todavía.

También el efecto opuesto, de vaciamiento, puede dañar el feng shui de una casa. Incluso una casa propicia, situada a mitad de colina, puede tener problemas si el camino de acceso termina en la puerta principal, permitiendo que el chi (es decir, el dinero) se escape. Otra fuente de problemas es un camino demasiado estrecho, que restringe la entrada de chi. Mucho mejor es uno que se angosta hacia la casa, con el punto más amplio donde toca la calle, para atraer el chi como si fuera una pala. John Chu, propietario de una tienda de decoración en Hong Kong, es experto en feng shui de la calle: "Una persona que yo conocía vivía en la cima de una colina larga, apropiada para que el dinero se escape; no era el sitio más propicio para un gerente de banco. Finalmente, la persona fue acusada de desfalco, y se suicidó saltando de un piso catorce". La tienda misma del señor Chu está situada en una calle con pendiente, pero él no lo considera un peligro serio: "Si se está en la mitad, puede atajarse el dinero de las tiendas que están más arriba".

Para reducir el fracaso financiero producido por una casa en la cima de una colina, Lin Yun sugiere, ya sea mover la entrada al costado o instalar un patio frente a la entrada. Incluso hay que tener en cuenta la forma y dirección de los senderos. Un sendero ahusado de Hong Kong iba directo hacia una casa, como una daga amenazando a sus ocupantes. Al final del sendero, colocaron una luz blanca para estabilizar e igualar el flujo de chi. (Confiaban en que la luz robara el chi del vecino y brillara sobre ellos).

VECINOS

Las casas cercanas, como colinas o masas de agua, pueden afectar gravemente el feng shui. Por supuesto que los vecinos felices son siempre un buen signo, y hasta los mejores expertos en feng shui van a tratar de procurárselos. Pero como explica Lin Yun, los vecindarios suburbanos muy habitados también pueden ser fuente de problemas:

> Cuando otras personas descubren el sitio beneficioso de una casa con buen feng shui, aquéllas también se mudan allí, y construyen sus propias casas. A medida que surgen más casas, éstas afectan unas a otras: una puede ser mucho más alta o más grande que otra, otra puede obstruir la luz del sol o la vista de su vecino. A medida que se modifican los alrededores de la casa original, el sitio pierde su paz y seguridad originales; se torna desequilibrado y sus ocupantes pueden sufrir.

Las formas de las casas vecinas suelen presentar problemas. Un chino acaudalado de Hong Kong, un hombre de origen humilde con vastas posesiones financieras, algunas en los Estados Unidos, armó un escándalo porque una familia local de origen norteamericano construyó una casa justo frente a su residencia. De inmediato se alzaron las quejas del feng shui. Aunque la nueva casa bloqueaba parte de su vista del puerto de Hong Kong, con su consiguiente poder monetario, la ofensa principal era la chimenea de la nueva casa. El empresario insistía en que era un clavo martillado en su sendero con forma de ataúd, causando su ruina económica. Se buscaron soluciones. El empresario trató, sin éxito, de comprar la casa; los vecinos expatriados llegaron hasta a consultar a un experto en feng shui, y ofrecieron ubicar la chimenea en otro lugar, pero la oferta fue rechazada. "Cualquiera pensaría que él iba a cambiar la forma de su sendero", comentaron los nuevos vecinos. Pero según descubrieron, el hombre sólo buscaba un chivo expiatorio. "Su hijo nos dijo que no nos preocupáramos, que el hombre simplemente se había pasado de su límite financiero y necesitaba una excusa para su fracaso".

El problema de los vecinos le surgió a un jockey de Hong Kong, quien no podía ganar ninguna carrera después de mudarse a una casa nueva. La esposa de un propietario de caballos, muy adepta al feng shui, le envió a su propio experto. Justo arriba de la casa, éste vio una casa muy moderna, una estructura blanca con vidrio marrón alrededor. Según él, parecía un sapo con la boca abierta, fuente de terrible mala suerte. El experto en feng shui colgó un espejo para desviar las malas vibraciones, y en las siguientes carreras, el jockey consiguió ganar dos.

EL REMEDIO GENERAL

Los espejos son la aspirina del feng shui. Ya sea que el problema sea un chi débil, o demasiado mal chi, vecinos malos, una habitación con forma equivocada, una torre con malos presagios, fantasmas amenazadores o el infame camino en forma de flecha, la cura con frecuencia no consiste en otra cosa que en el fondo pulido de un *wok* o en un trozo de cristal brillante.

El místico atractivo de los espejos se remonta a la historia china. Usados sobre el pecho o el escudo de un guerrero feudal, constituían amuletos para espantar enemigos y demonios. Colgados dentro y fuera de una casa, mantenían a raya a los espíritus malignos. Los arqueólogos chinos descubrieron cientos de espejos enterrados en antiguas tumbas imperiales. Durante la dinastía Chou (1122-256 a.C.), se decía que los espejos de bronce no revelaban solamente los rostros o las cosas, sino mucho más: "La brillantez del espejo representaba la luz del sol y de la luna combinados; comunicaba la intención de los poderes sobre la tierra, aquí abajo, y los espíritus del cielo, allá arriba[12]".

Los espejos en la actualidad tienen usos más prosaicos. En las comunidades chinas de todo Asia y del mundo, constituyen la solución general para una vasta gama de males de feng shui. Casi siempre su uso es defensivo, y la solución de todos para las amenazas fácilmente visibles. En las estaciones de policía, suelen colgarse para espantar la corrupción. Para un experto también pueden tener usos más sutiles, y Lin Yun instala espejos con el fin de equilibrar habitaciones o incluso atraer el chi positivo. No obstante, la mayoría empieza usándolos al tanteo.

En un apuro, prácticamente cualquier cosa más o menos brillante sirve. El ubicuo *ba-gua*: un espejo pequeño y redondo incrustado en madera, puede ser sencillo (sólo con los trigramas del *I Ching*) u ornamental (con trigramas más un dios guerrero amenazador). Los *woks* son favoritos desde siempre; al parecer siguen funcionando a pesar de estar cubiertos de óxido. Los pedazos rotos de un viejo botiquín no son muy elegantes, pero sirven para su propósito.

Conscientes de sus poderes reflexivos, las personas se sienten muy mal cuando los males son deliberadamente desviados hacia ellas. El resultado de ello son los espejos de guerra, algunos de los cuales terminaron en los tribunales. Una historia comienza con una familia de Hong Kong, cuya casa tenía una deficiencia de feng shui. Se decidió que la solución era un espejo con dos puntas amenazadoras sobresalientes. Sin embargo,

---

12. Florence Ayscough: *A Chinese Mirror*. Boston; Houghton Mifflin, 1925, pág. 9.

estaba dirigido a una mansión vecina, cuyos propietarios, parecía, ya tenían que soportar suficientes espíritus malignos. Se desquitaron instalando un espejo más grande con tres puntas. La batalla continuó durante años; cada casa colocando cada vez más espejos. Finalmente el asunto fue decidido por la policía, quien consideró que el campo de batalla constituía un peligro para los automovilistas nocturnos, y ordenó que se retiraran los armamentos.

EL ÚLTIMO RECURSO

Cuando absolutamente nada funciona, por lo general debido a que el progreso destruyó absolutamente cualquier posibilidad de armonía natural, hasta el experto en feng shui más imaginativo puede darse por vencido y simplemente recomendar irse.

Sin embargo, Lin Yun no es tradicional. Su feng shui místico del Gorro Negro desarrolló lo que él considera remedios hasta para los casos más desesperados. Estas "prácticas rituales secretas" son métodos místicos para manipular y corregir el feng shui. Desconocidos para los expertos en feng shui tradicional, estos remedios siguen un proceso curativo trascendental, irracional y subconsciente conocido como *chu-shr* o lo que se halla fuera del dominio de nuestra experiencia o conocimiento. Ya sea que el chu-shr, por casualidad, tenga o no sentido, muchos chinos creen fervientemente en él.

En la medida en que puede ser comprendido, el feng shui chu-shr funciona a través de tres técnicas básicas:

1. El "método del chi conector" une el chi que está demasiado lejos de una casa o demasiado profundo bajo la superficie de la tierra. Un recurso

momentáneo y sencillo consiste en plantar en la tierra un palo hueco con una luz en la punta, para extraer el chi.

2. El "método del chi de equilibrio" rodea el ambiente de manera tal de dejarlo en armonía consigo mismo y con lo que lo rodea. Si por ejemplo, una casa tiene forma rara, puede agregarse un recurso arquitectónico o del paisaje para conseguir equilibrio.

3. Los "métodos destacables" incrementan o modifican el flujo de chi. Estos pueden remover y activar el chi débil o estancado, haciéndolo circular por la casa con una luz brillante, una fuente o una pecera burbujeante. El chi fuerte y peligroso puede dispersarse mediante artilugios movedizos o musicales como molinos de viento, carillones de viento y campanas[13].

PARCELAS DE TIERRA

Los expertos en feng shui tienen en cuenta cada parcela de tierra en particular. En zonas de ciudad, la falta de elección a veces presenta parcelas con formas raras, con límites mal planificados o naturales, como ríos o colinas. En tales casos el feng shui puede equilibrar los ángulos asimétricos y dar importancia y destacar las formas raras.

La forma rectangular o cuadrada es la mejor. El costado sur debería ser abierto, para permitir que los rayos de sol entren y den calor a la casa. Si la parcela es grande, el patio trasero puede ser un poco más alto que

13. Joseph M. Backus: "Lin Yun , Geomancer", *The American Dowser* 19, no. 3 (Agosto 1979), págs. 118-119.

Formas buenas de parcelas.

el frente. Pero si el jardín es pequeño, es mejor tenerlo a nivel que en declive. (Esto último podría hacer rodar el chi cuesta abajo con demasiada rapidez, como una inundación que arrasa con una familia, llevándose consigo la salud, la posición social y el dinero).

Con respecto a las parcelas con formas raras, dice Lin Yun, un experto en feng shui debe emplear talento intuitivo, gran imaginación, sentido común y conocimiento psíquico: en otras palabras, feng shui chu-shr. "Yo observo las parcelas desde todos los ángulos, ya sean altas o bajas, largas o cortas, cuadradas o redondas, para ver qué forma tienen: ya sea un pez, un animal o un objeto. Después agrego algo para convertirla en un organismo vital que bombea un chi bueno y suave". En un caso, sugirió instalar una fuente de agua para que una parcela con ángulos raros pareciera un molino de viento o de agua, agitando y bombeando constantemente el chi. Para una parcela en declive su sugerencia más frecuente es equilibrarla con un poste de alumbrado hueco, cuya luz también sirve para atraer chi adicional.

Las parcelas con formas raras a veces pueden requerir remedios más raros. En Taipei, por ejemplo, cinco propietarios consecutivos de una parcela con forma de escarabajo perdieron dinero y fracasaron comercialmente. No es de sorprender que el sitio se hizo conocido por su feng shui malo. Los siguientes due-

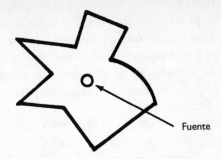

*Parcela con formas raras: colocar una fuente
para imitar un molino de agua o de viento.*

ños, con la intención de abrir un restaurante, llamaron
a Lin Yun. Éste hizo que la parcela representara un
símbolo auspicioso. Aconsejó plantar un poste rojo
hueco con una luz en la punta en la parte más angosta
del lote, con dos postes rojos en la otra punta, logran-
do, entre otras cosas, agrandar la entrada. Y *voilà*, se
convirtió en un escorpión con aguijón. (Los conceptos
chinos a veces difieren mucho de las ideas occidentales: por ejemplo, los murciélagos son considerados
portadores de buena suerte. El escorpión es bueno pa-

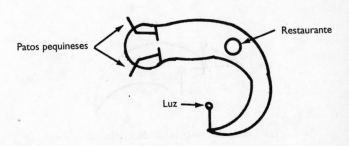

Parcela con forma de escorpión para restaurantes.

ra un restaurante o una tienda, pues persigue agresivamente a su presa, y los dueños logran así mucho trabajo). Lin Yun sugirió que continuaran la metáfora colgando dos patos pequineses (las pinzas del escorpión) fuera de la entrada. En la actualidad el restaurante es un sitio popular en Taipei; sus dueños planean una sucursal en San Francisco.

En otro caso, Lin Yun transformó un lote con forma de media luna hasta dejarlo con forma de camarón. Aconsejó a los dueños que instalaran dos postes de luz huecos verdes en el extremo más ancho. La familia prosperó. Sin embargo, más tarde pintaron los postes de un rojo vibrante, que casi siempre significa buena suerte para los chinos, pero en este caso perdieron dinero. Así que volvieron a llamar a Lin Yun. Éste respondió, con pocas palabras, que estaban cocinados. El problema era el color rojo de los postes. "Deberían ser verdes, porque rojo es el color del camarón hervido". Así que volvieron a pintar los postes de verde y todo fue bien.

Incluso los buenos lotes rectangulares a veces tienen problemas de feng shui. En Taiwan, por ejemplo, un tal señor Chou vivía junto a un señor T'ang, en lotes de terreno que eran virtualmente imágenes de es-

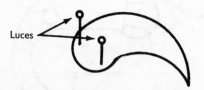

Parcela con forma de camarón: las luces pintadas de rojo son malas, porque el rojo es el color del camarón cocinado. Las luces verdes son buenas, el color del camarón vivo.

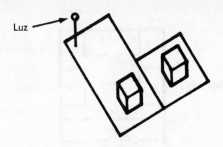

Parcela desequilibrada: si la parcela es demasiado larga, equilibrarla con una luz.

pejo. Un día el señor Chou compró un lote vecino, alargando, y por consiguiente desequilibrando, su tierra: tenía demasiado fondo libre. Como su negocio empezó a declinar, llamó a Lin Yun. Éste le sugirió que colocara un poste de luz alto y rojo al final de la propiedad. Rápidamente tuvo el efecto deseado. Cuando se dio cuenta de la buena suerte de su vecino, el señor T'ang también instaló un poste de luz rojo similar. Pero en feng shui, la cura de un hombre puede ser la catástrofe de otro: las finanzas de los T'ang empeoraron rápidamente. Según la explicación de Lin Yun: "La lámpara ladeó su propiedad, que originalmente estaba equilibrada".

EL CASA FENG SHUI

Con la notable excepción de los templos budistas/taoístas, son pocos los edificios en la actualidad donde se advierte un esfuerzo por conseguir los antiguos ideales del feng shui. Desde el piso hacia arriba, la tradicional casa china constituía un universo en sí mismo. Se ele-

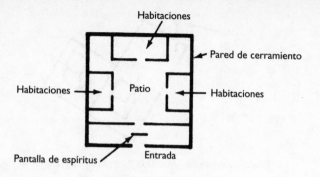

Una casa china tradicional.

vaban vigas desde un fundamento de suelo apisonado, uniendo simbólicamente el cielo y la tierra. Detrás de altas paredes circundantes, un jardín representaba toda la naturaleza en un microcosmos. Y alrededor, el edificio mismo imitaba el arreglo de feng shui más auspicioso: la forma en U, la colina en forma de sillón dragón-tortuga-tigre, protegiendo el centro e idealmente de cara al sur.

El ideal de jardín era central y simple: no importaba lo lejos que estuviera una casa de un paisaje pastoral verdadero, sus residentes nunca debían perder contacto con el universo elemental. La naturaleza formaba parte integral del edificio, a sólo un paso del patio o de una mirada a través de una ventana enrejada. Las rocas eran montañas, los estanques con peces eran océanos, y el bonsai, por supuesto, antiguos árboles nudosos. A diferencia de la regularidad geométrica de un jardín occidental como Versalles, donde el hombre buscó controlar la naturaleza, imponiéndole orden, los jardines chinos eran irregulares; imitaban la naturaleza en miniatura.

Las habitaciones que rodeaban un jardín representaban la idea de que "dentro del yin hay yang". Inmerso en la filosofía taoísta, el diseño aislaba a sus habitantes de las calles, de otras personas y del mundo laboral, hacia un ideal simple de naturaleza. (Además de aportar un flujo constante de chi y una excelente ventilación). La paradoja de la arquitectura formal alrededor de la naturaleza espontánea constituía un placer más que un problema. Sin lugar a dudas, a lo largo de treinta siglos, se han filtrado elementos de absoluta superstición en el diseño chino. Algunos chinos consideraban las pantallas en el interior de las puertas como escudos contra espíritus malignos o demonios. Se decía que los demonios sólo volaban en línea recta, de modo que las pantallas podían espantarlos. Con frecuencia, un símbolo yin-yang decoraba la pantalla como talismán protector. Un espejo *I Ching* con trigramas (un ba-gua) podía adornar la pantalla, puesto encima de la puerta de modo que, cuando un demonio atacaba, era recibido por su propio feo rostro, y presumiblemente escapaba muerto de miedo. Las imágenes pintadas, tales como dioses guerreros guardianes, eran colgadas a la entrada para amenazar a posibles intrusos.

El origen de los techos chinos tradicionales, curvados hacia arriba y extensos, no está claro. Algunos dicen que tienen su antecedente en las tiendas nómades; otros, que imita un grupo de ramas frondosas o el signo chino de "árbol". Otros aseguran que se trata de pura estética. Fuentes menos académicas insisten que está diseñado para mantener alejados a los demonios. Cuando un demonio cayera del cielo, se deslizaría por el techo y volvería al cielo, y si volvía a caer, quedaría clavado en sus aleros puntiagudos. Sea cual fuere la explicación, los techos ornamentados también tienen un objetivo práctico: los aleros permiten que ingrese la máxima cantidad de sol durante el invierno, pero sólo un mínimo en verano. (Los techos son más puntiagudos en el sur de China para aislar el cálido sol, y más bajos en el norte para permitir que el viento fluya sin obstrucciones).

Las cuestiones prácticas resultaban fundamentales para gran parte del diseño chino tradicional. Durante miles de años, los chinos dispusieron los edificios de manera tal de adaptar las fuerzas naturales a la conveniencia humana. Además de los techos cuidadosamente calculados, se utilizaban pantallas contra el viento y masas de tierra para regular el calor y el frío. Los palacios antiguos contaban con sistemas de refrigeración mediante los cuales corría agua a través de paredes dobles. Y el chi, por supuesto, era rigurosamente controlado, por medio de pantallas, paredes, ventanas espaciadas y puertas laberínticas. Hasta el día de hoy, a muchos chinos no les gusta la idea de tres o más ventanas o puertas alineadas en un mismo eje: el flujo de chi, según ellos, es demasiado fuerte.

Formas de casas modernas

La arquitectura moderna y los diferentes estilos de vida, por supuesto, han descartado en gran parte el diseño de las casas chinas tradicionales. La tarea del experto en feng shui moderno consiste en crear o restaurar la armonía e integridad antiguas, normalmente dentro del esquema convencional del siglo xx. Son posibles numerosas disposiciones, pero algunas son mucho mejores que otras.

Al igual que con las parcelas de tierra, las mejores formas de casa son las más comunes: rectangular, cuadrada o incluso redonda. Un jardín pequeño a la entrada, un patio interior o incluso sólo una chimenea per-

110

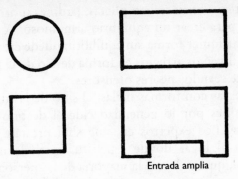

Entrada amplia

Buenas formas de casas.

miten que el chi impregne la casa. Siempre y cuando no existan problemas serios con el sitio de la casa, el resultado será una buena estructura donde construir un ingreso sólido y una vida sin sobresaltos.

Cualquiera del casi infinito número de formas raras o irregulares puede traer problemas. Podría tratarse de un elemento aparentemente inocuo: un vestíbulo de entrada pequeño o una "nariz" sobresaliendo del frente de la casa pueden sofocar el influjo de chi y así atraer problemas monetarios. Un rincón con ángulo

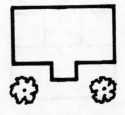

Forma de casa "con nariz pequeña": si el frente es demasiado pequeño, plantar arbustos o flores.

muy agudo, en forma de flecha, puede amenazar a los habitantes, y se necesitan piletas, jardines u otros elementos para crear un equilibrio armonioso. A mayor escala, cualquier forma sin equilibrio puede crear problemas: diversos arreglos en forma de L o de U probablemente sean los peores ofensores.

En casas con formas malas, el sitio de las diversas habitaciones por lo general decide el destino de su ocupante. Los expertos en feng shui prestan mayor atención al lugar donde está situado el dormitorio principal, que es donde la mayoría de las personas pasa por lo menos un tercio de sus vidas, y la cocina, donde se prepara la comida, con influencia sobre la salud, e indirectamente sobre la riqueza. En una casa en forma de U, por ejemplo, si la puerta principal está en la parte cóncava con la cocina detrás, entonces la familia, en especial el marido, comerá fuera de la casa todo el tiempo y estará fuera todo el día. Un dormitorio principal situado del mismo modo también sería una "situación peligrosa". El marido tendrá la sensación de estar durmiendo fuera, y de hecho podría terminar pasando las noches en otra parte, simbólicamente encerrado fuera de la casa y de la familia. Otros efectos secundarios problemáticos podrían incluir jaquecas crónicas, ciru-

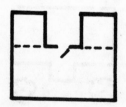

Casa con forma de U: colocar cuarto para huéspedes
o sala de apuestas en las alas.

gías, fracaso profesional, cambio de empleo frecuente o hasta ser despedido. En tales situaciones Lin Yun recomienda construir una pantalla o pared a través de la entrada para completar el rectángulo, y hacerlo parecer entero. Si el dormitorio, en cambio, estuviera en una de las alas, convertirlo en cuarto de huéspedes por lo menos acortará las visitas.

Con la variedad de zapato en casas con forma de L, un dormitorio a lo largo de la suela puede "hacerle una zancadilla" a la fortuna de la familia o hacer que los residentes se sientan "pisoteados", dando como resultado jaquecas. Mucho mejor resulta el "área del tobillo", donde se juntan el poder y la energía. Para casas con forma de bota, Lin Yun recomienda el equilibrio: "En la parte del talón, plantar flores o viñas, para que la casa nunca baje, y su peso no oprima demasiado al amo". Esto también impide que la familia "tropiece" en la vida. Otra solución sería agregar un estanque, fuente o río artificial para completar la L, haciendo que la casa parezca completa. En cualquier casa con forma de L o de U, los factores desestabilizadores pueden ser modificados colocando un espejo dentro de la casa para reflejar el viento desconectado, atrayéndolo así a la parte principal del edificio.

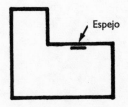

Casa con forma de bota: no colocar el dormitorio en la suela, o colgar espejo para alejarlo de la suela.

Quizás el arreglo más precario es una casa con forma de cuchilla de carnicero, doblemente peor si el dormitorio está situado en el "filo". Siempre "al filo", el ocupante puede estar expuesto a contraer enfermedades, quizá fatales, o a perder el trabajo o dinero. En tales casos, Lin Yun aconseja mudar el dormitorio al área del mango, la parte controladora y sitio del poder, para lograr un éxito absoluto.

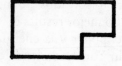

Casa con forma de cuchillo:
no colocar el dormitorio en el filo
sino en el mango.

Cinco

EL FENG SHUI URBANO

En Hong Kong, ciudad financiera e industrialmente sofisticada, una ciudad que, quizá más que cualquier otra, se dedica al solo propósito de amasar fortunas, la gente sigue consultando a expertos en feng shui para realizar bendiciones rituales y arreglar sus hogares y oficinas. El feng shui ha logrado infiltrarse en los sectores más occidentales de Hong Kong. Un aviso de bienes raíces, publicado en un diario de Hong Kong en idioma inglés, no sólo se jactaba de vender departamentos lujosos, recién construidos, cuyos balcones tenían vista al Mar Meridional de la China y medios de transporte convenientes, sino que también prometía un "excelente feng shui".

Para comprender el feng shui urbano, deben considerarse los orígenes de una ciudad. El feng shui urbano probablemente surgió de las prácticas rurales y se hizo más sofisticado en manos de los adivinadores imperiales de la corte. Cuando se construían ciudades, se tenían en cuenta las formas naturales circundantes, la orientación y si un sitio era auspicioso.

Se trataba de un largo proceso, que comenzaba con la adivinación de un lugar. En el antiguo *Book of Songs*, varios poemas, incluyendo uno sobre el legendario fundador de la occidental dinastía Chou, el rey Wu, mencionan el cumplimiento del feng shui.

> Presagios él tomó, rey nuestro,
> Antes de la construcción de la ciudad en
> Hao:
> La Tortuga la dirigió:
> El rey Wu la perfeccionó.
> Oh, glorioso rey Wu[1].

También eran importantes las consideraciones prácticas al elegir un sitio. En un poema que describe una ciudad del siglo I d.C., los rasgos positivos del paisaje traían poder y buena suerte.

> En abundancia de plantas y frutos florecientes
> Es la más fértil de nueve provincias.
> En barreras naturales para protección y defensa
> Es el refugio más inexpugnable del cielo y de la tierra.

1. Arthur Waley: *The Book of Songs*. Nueva York. Grove Press, 1978, pág. 264.

Por eso su influencia se ha extendido en
seis direcciones
Por eso en tres oportunidades se ha
convertido en el asiento del poder[2].

Una vez que los chinos elegían un sitio, establecían
un orden en la forma y jerarquía de la ciudad. A través
de un sistema de diseños simbólicos, vinculaban el planeamiento urbano con otras entidades culturales: política, astrología, religión, arte. Se prestaba especial atención a las ciudades capitales, pues se suponía que el
bienestar de la nación y la eficiencia del emperador dependían de la alineación adecuada con los elementos
más potentes del universo. Por ello, la disposición de
palacio y capital imitaba las imágenes potentes de la
naturaleza y seguía las rutas estelares. Debido a la posición arbitraria del emperador entre el cielo y la tierra,
los chinos creían fundamental que éste se sentara en el
centro, no sólo de la capital, sino también de China, el
reino medio, y del universo mismo. Su trono estaba situado donde "la tierra y el cielo se cruzan, donde las
cuatro estaciones se fusionan, donde el viento y la lluvia se juntan y donde yin y yang están en armonía[3]".

La forma de una ciudad resulta esencial para su
feng shui. De éste surgen dos formas de diseño urbano: una de ellas recibe poder de los elementos naturales circundantes, la otra de las formas simbólicas.

Por ejemplo Hangchow, la capital Sung al sur de
China, armonizaba con el paisaje, siguiendo los con-

2. Citado en: "Symbolism and Function: Reflections on Chang-an and
Other Great Cities", por Arthur F. Wrigh, *Journal of Asian Studies* (1964),
pág. 669.
3. Citado en: *The Forbidden City: China's Ancient Capital*, por Roderick MacFarquhar, Nueva York, Newsweek, 1978, pág. 72.

tornos del lago y la montaña. Reflejando influencias rurales, su disposición respondía a las fuerzas naturales (peligros). Hangchow, una ciudad que data de la dinastía Han (206 a.C. – 220 d.C.), periódicamente se veía amenazada por las inundaciones. Construida alrededor de un estuario sujeto al flujo de la marea, que luego se convirtió en el Lago Oeste, la ciudad era víctima de las mareas altas, que durante los equinoccios producían marejadas. Con el fin de intentar detener el flujo de agua, los gobernadores de la ciudad, entre ellos dos poetas renombrados, Po Chü-i y Su Tung-po, realzaron la estética del paisaje y su feng shui con dos diques que hicieron honor al lugar.

Las formas simbólicas eran más importantes en las ciudades mayores. Cuenta la leyenda que uno de los planes de la dinastía Ming para construir la Ciudad Prohibida de Beijing, donde el emperador residió a partir del siglo XII, tenía forma humana, con los edificios y patios más importantes ubicados en el lugar de los órganos vitales.

Desde la dinastía Chou (1122-256 a.C.) los chinos construyeron ciudades, especialmente capitales, con formas cuadradas que imitaban su imagen de la tierra, que según ellos era cuadrada. Estas ciudades geométricas por lo general estaban construidas sobre un esquema de calles de norte a sur, este a oeste, a lo largo del eje principal. La disposición geométrica tan precisa de Pekín sorprendió a Marco Polo, el navegante veneciano, y le dio la impresión de ser un "tablero de ajedrez". Siglos antes de que Beijing fuera siquiera un pueblo, los chinos construyeron Chang-an, la primera capital china (siglo 200 a.C.), a lo largo de un eje norte-sur. Chang-an, Sian en la actualidad, se convirtió en prototipo para las ciudades chinas posteriores. (De hecho, estaba diseñada de manera tan auspiciosa que los japoneses construyeron dos de sus capitales antiguas, Nara y Kyoto, a lo largo de las mismas líneas). Durante la época de Chang-an se establecieron varios rasgos tradicionales de feng shui urbano. Al norte estaba el mercado; al sur, el palacio. En el centro se elevaba el campanario, que era movido varias veces según la población crecía o disminuía. Los edificios del gobierno y los templos también estaban situados de manera propicia.

Las paredes formaban parte integral del feng shui de una ciudad. Al sur de la Gran Muralla había muchas más paredes. Miles de kilómetros de paredes rodeaban granjas, templos, casas y ciudades. A la vez defensa y definición de la ciudad, las paredes eran construidas para frenar a los bárbaros, los vientos fuertes y los espíritus malignos. En una época de la dinastía Ch'ing, los occidentales pidieron que se abriera la pared sur de Pekín para permitir el paso del ferrocarril Beijing-Hankow. Los chinos se resistieron, alegando que Beijing tenía la forma de un dragón: la puerta sur central era su boca, las del costado los ojos. Luego del éxito de los defensores del ferrocarril, los perdedores advirtieron que el dragón había sido herido, y que el dinero de la ciudad (la sangre del dragón) iba a escaparse.

Las montañas constituían otro rasgo importante en el feng shui urbano. Las montañas eran enormes escudos de tierra que protegían las ciudades de los vientos fuertes y de los bárbaros del norte. Incluso en algunas épocas las montañas fueron fabricadas. Tal fue el caso de Colina de Hulla, una montaña artificial de cien metros de alto, justo al norte de Beijing. El origen de Colina de Hulla puede remontarse al siglo XIII, a la época del nacimiento del caudillo mongol Genghis Khan. Los geománticos chinos predijeron que una colina al norte poseía una "fuerza vital engendradora de reyes" que en definitiva iba a destruirlos. Para adelantarse a esta amenaza, prodigaron regalos a los mongoles del norte a cambio de que éstos permitieran a los chinos derribar la colina y trasladar la tierra al sur de Pekín, donde formaron la nueva colina. Poco después de que los chinos hubieron completado esta empresa monumental, desperdiciando hombres y dinero, los mongoles los atacaron y establecieron su propia capital y dinastía.

Estas pantallas montañosas, que evidentemente se originan en las reglas rurales de orientación, reflejan una aversión casi obsesiva al norte por parte de los chinos. El emperador residía en Pekín, sentado en su trono de dragón con la espalda hacia el norte, protegiendo a China de los infinitos males que provenían del norte. Al estar de cara al sur también se beneficiaba del sol y del mar mientras gobernaba su reino. Dicha posición no sólo era buena para el emperador en lo personal, sino que también era propicia para China. (Debido a que los gobernantes de China estaban de cara al sur, todos los mapas fueron trazados al revés de los nuestros, con el sur en la parte superior y el norte en la parte inferior).

Al situar una ciudad o pueblo, los chinos por lo general evitaban llanuras planas, sin formas, donde los vientos y las inundaciones podían arrasar las calles. Cuando los "demonios extranjeros" británicos, franceses y alemanes invadieron el suelo chino y exigieron puestos comerciales de avanzada, el emperador y los gobernadores chinos inclinaron la cabeza y les dieron, con una sonrisa escondida, las secciones bajas de Shangai, Tientsin y Hankow, no por casualidad poseedoras del peor feng shui y repletas de espíritus malignos. (Los extranjeros, para asombro de los chinos, mejoraron el feng shui chato del asentamiento construyendo edificios altos como montañas).

La misma isla de Hong Kong fue desdeñada por los chinos. En 1842, luego de la primera Guerra del Opio, la cedieron a los británicos, pues suponían que, con su mal feng shui, era una especie de caballo de Troya. Desprovista de chi beneficioso y plagada de piratas, era llamada la "roca desnuda". Los británicos al principio tuvieron problemas para desarrollar la isla, y en lugar de mejorar su feng shui, lo empeoraron todavía más. Comenzaron a construir el primer centro comercial en una zona baja, irónicamente denominada "Valle Feliz", a dos kilómetros de los puertos. Para crear el centro comercial, construyeron calles que, según los chinos, cortaban los pies del dragón guardián. Los británicos nivelaron colinas y rellenaron lagos, eliminando así toda posibilidad de oportunidades financieras. El pantano bajo que crearon se convirtió en terreno fértil para los mosquitos de la malaria. Después de que varias personas se enfermaron y murieron, los trabajadores chinos boicotearon la construcción por tener feng shui malo, y el centro comercial fue vuelto a ubicar en un sitio más propicio, en Hong Kong central, donde prospera hasta el día de hoy, con el resguardo de las montañas y con vista al agua.

VIDA DE CIUDAD

En la actualidad varios principios de feng shui pueden ser aplicados, y de hecho lo son, aunque de manera inconsciente, a algunos conceptos de planificación de ciudades. Los parques, no importa cuán pequeños, y las calles arboladas atraen el chi y sus efectos benéficos para los residentes locales. También son buenos los departamentos u oficinas con vista al río, con jardines o balcones; también son buenos los frentes al sur y al espacio.

(En Pekín, el alquiler de departamentos con frente al sur es un tercio más alto que los que dan al norte).

Cuando Lin Yun visitó la ciudad de Nueva York en 1978, un amigo con inquietudes cívicas lo llevó en helicóptero para que evaluara el chi de la ciudad. Sus reflexiones no fueron sorprendentes. Los que viven alrededor de Central Park, con su césped, árboles y pulmón verde disfrutan del mejor chi, mientras que los que viven en la isla Roosevelt, "una roca árida y sin forma rodeada por demasiada agua", tienen el peor. Aseguró que la cantidad de chi que penetraba en el terreno rocoso de la isla era tan pequeña que era muy difícil que sus habitantes retuvieran sus empleos o posiciones, y mucho menos que triunfaran profesionalmente. Agregó que, mientras que el área de Midtown es buena, el chi del edificio de Naciones Unidas sufre bajo la influencia opresora de la torre Citicorp, lo cual provoca que la organización internacional sea lenta para actuar en asuntos importantes.

Naturalmente, el chi urbano difiere del chi de pueblo y todavía más del de campo. Lin Yun explica:

En el campo, la vida es más estable y tranquila. Pero recuerden, el buen feng shui en el campo depende del chi bueno de la tierra: si el chi es bueno, la vida será fácil, próspera y feliz. Si falta el chi, la vida puede ser más problemática. El chi fluctúa más en la ciudad que en el campo. Puede ser particularmente bueno, o excepcionalmente malo, hay un mayor potencial de situaciones inusuales, como amasar un millón de dólares en un mes o perderlo, o caer víctima de una violencia insensata y extrema. La variación de los destinos y fortunas de las personas es mayor.

Incluso si el chi de una ciudad es bueno, muchas cosas pueden alterarlo. Una zona dotada de chi excelente y equilibrado no necesariamente alienta el feng shui bueno: las esquinas, las calles, los edificios u otras construcciones pueden destruir la armonía. Debido a esto, la planificación de la ciudad y la conciencia del ambiente urbano resultan importantes.

Sin embargo, el sitio de un árbol, la curva de un río o la forma de una colina no establecen ninguna diferencia. El ambiente urbano general es determinado no tanto por los rasgos naturales del paisaje como por las estructuras hechas por el hombre. En el paisaje urbano, los edificios altos reemplazan las montañas, las calles son tan vigiladas como lo eran los ríos. Así, el geomántico urbano presta atención al tamaño, la forma e incluso el color de los rascacielos, la dirección y vueltas de pasos superiores y calles, y el ángulo de un edificio en una esquina.

El diseño de las calles, por ejemplo, desempeña un papel primordial en el feng shui urbano. Una casa en la confluencia de dos calles está bien ubicada. Sin embargo, vivir abajo, donde las calles parecen señalar como flechas, puede resultar tan peligroso como vivir en la punta de una calle con forma de cuchillo. El aumento de tránsito —autos corriendo por calles urbanas parecidas a cuchillos— resulta particularmente mortal y destructor, y dispersa el chi armonioso. El ocupante de un edificio situado frente a un tránsito intenso puede ser víctima no sólo de puñaladas continuas de chi fuerte y asesino y de vientos fuertes, sino también ser bombardeado por el ruido de las bocinas de los autos y de los motores y el chillido agudo de las llantas al frenar.

La proliferación de las apuestas, las drogas y la prostitución en un edificio de Kowloon no fue adjudi-

*Calle en forma
de cuchillo: colocar
un espejo frente
al edificio.*

Espejo

cada a la mala aplicación de la ley, sino a su mal feng shui: las calles unidas en forma de cabeza de flecha le otorgaban una atmósfera mortal. Las repercusiones por lo general son serias. Un empresario de Hong Kong explica: "Yo tuve la prueba. Es malo tener un departamento frente a un tránsito intenso. Un amigo mío se mudó a un departamento así. Seis meses después su novia murió. Otros seis meses después él fue despedido. Afecta la fisionometría de una persona".

La forma y posición de los edificios gubernamentales todavía reciben el crédito por la armonía de un país o de una ciudad. Los chinos siguen adjudicando los éxitos o fracasos de Hong Kong al sitio de los edificios gubernamentales y a las formas de las parcelas.

El éxito financiero de la colonia es atribuido a la posición correcta de la mansión del gobernador. Por otra parte, la alta tasa de crímenes de Hong Kong es adjudicada al hecho de que los tribunales centrales están situados en un buen lugar, y así se alienta a que el crimen prospere. Un planificador del gobierno de Hong Kong sugiere que otro golpe a la ley y el orden cayó de una pista del aeropuerto con forma de cuchillo, construida en el puerto. Los aviones que llegan continuamente apuñalan el vientre de uno de los nueve dragones protectores de Kowloon. Un remedio, propone, podría ser disfrazar la franja, que tiene forma de sable, rellenando las aguas del puerto a cada lado de la pista.

Los chinos utilizan el feng shui para interpretar los destinos de otros países. Mirando desde el Monumento a Washington, Lin Yun advirtió que algunos de los problemas de los presidentes norteamericanos y de las tragedias del país mismo podían atribuirse al emplaza-

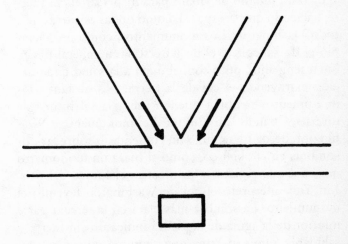

Mala ubicación de edificio.

miento de la Casa Blanca. Un presidente debe residir en un lugar auspicioso, tanto para que el país sea fuerte, rico y afortunado, como para que el hombre mismo sea un líder sabio. Por una parte, el presidente disfruta de buen feng shui gracias a las fuertes curvas de la Elipse y al jardín de la Casa Blanca, en la parte trasera del Palacio Presidencial. Estas formaciones de césped, advierte Lin Yun, representan la nación como una unidad completa, llena de chi suave. (Una elipse evoca la totalidad, la unión de opuestos del símbolo *tao*). El problema, afirma Lin Yun, está en la forma de flecha de la calle Dieciséis, que mata el chi "asesino" justo en el corazón de la entrada del Palacio Presidencial. El impacto de la calle recta, dice, produce disenso en la nación y elimina el chi positivo o suave del área, de modo que el presidente no puede gobernar con todo su potencial.

La cura para la avenida destructora de la Casa Blanca, según Lin Yun, sería instalar una fuente de agua o un molino de viento para dispersar el chi fuerte, haciendo que se esparza, como ondas positivas, por todo Washington. Los monumentos, como por ejemplo el de Lincoln y el de Jefferson, en general tienen buen feng shui, pues contribuyen a la salud de la nación extrayendo el chi de la tierra. No obstante, los monumentos también pueden presagiar el futuro de un país. Cuando Lin Yun miró el monumento a Washington desde fuera, hizo un comentario sobre las dos sombras en el obelisco, como si fuera un termómetro nacional que registra y pronostica el futuro del país. Lin Yun interpretó el chi de Washington leyendo el monumento. La sombra más clara en la tercera parte inferior de la aguja de la piedra indica un chi fuerte y saludable, dijo Lin Yun, quizá con más visión retrospectiva que previsión, lo cual significaba un rápido de-

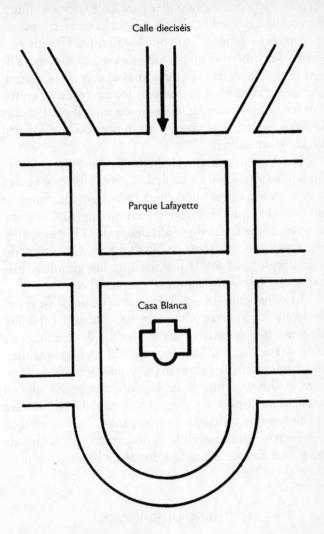

Calle en forma de cuchillo: vista aérea de la Casa Blanca.

sarrollo, prosperidad y poder para los Estados Unidos. Pero el chi, o sombra clara, se eleva hasta cierto punto y después se detiene. Dijo que los Estados Unidos acababan de comenzar un período de estancamiento, la línea divisoria de las sombras más clara y más oscura. Durante varios años más el país iba a retroceder en todos los campos: militar, económico, científico. Estados Unidos volverá a avanzar, pero nunca con la velocidad de años anteriores.

Lin Yun afirma que el chi de Washington está perdiendo su vitalidad. La capital necesita algo que vuelva a atraer y activar el buen chi. Lin Yun sugiere emplear un método chu-shr: construir un monumento o edificio pesado en algún lugar alrededor de la Elipse o apenas fuera de los límites de Washington. Otro método más simple, dice, sería instalar una luz grande y brillante en esa zona, para crear y atraer el chi.

El significado del emplazamiento de un edificio gubernamental se extiende hasta las ciudades capitales. Durante una campaña para la alcaldía de la ciudad de Nueva York en 1977, se le preguntó a un geomántico vietnamita qué candidato iba a ganar. Después de verificar el alineamiento de la Alcaldía, respondió que en realidad no importaba, pues el feng shui del edificio era tan pobre que quienquiera que ganara iba a tener que enfrentarse a una terrible cantidad de problemas de feng shui. Era una situación donde no había ganadores.

DISEÑO DE EDIFICIOS

Muchos de los problemas del feng shui urbano provienen de las formas, alturas y yuxtaposición de los edificios y estructuras cercanas. En el feng shui ciudadano, la tierra parece ser ignorada hasta el punto de ser abusada. De hecho, los dragones de tierra son pisoteados y sofocados por el peso de altos edificios y luego apuñalados con sus formas parecidas a cuchillos, mientras que las calles en forma de flechas perforan su carne. Los dragones de agua están desviados o encerrados. Así, el diseño de los edificios resulta crucial.

En Hong Kong, la gente señala el ultramoderno Centro Connaught, que alberga muchas compañías extranjeras, como ejemplo primordial de feng shui defectuoso. Cuando los chinos del lugar vieron el edificio con ventanas circulares, elevándose cincuenta y dos pisos sobre la zona portuaria de Hong Kong, lo apodaron "Sing Chin Ko Szee Fat Long", que quiere decir "la Casa de los Mil Idiotas", evidentemente por la forma de cañonera de las ventanas, pero también, sospechan algunos, debido a sus inquilinos. Los problemas de la torre, cuyo costo ascendió a los ochenta millones de dólares, no terminaron con los insultos. Empezaron a caerse costosos azulejos italianos de las paredes exteriores; hubo roturas en la cañería matriz que causaron cuatro inundaciones sucesivas, y los ascensores empezaron a quedarse sin luz, a veces atrapando a sus pasajeros, otras cayendo varios pisos pasados de su destino, llevando a algunos banqueros occidentales a apodar al edificio "Hancock East", en alusión al edificio de seguros John Hancock, plagado de problemas, situado en Boston, Massachusetts[4].

Llámese como se llame, los chinos no adjudican los problemas estructurales imprevistos del Connaught Center a la mala calidad del cemento o a la mala ingeniería, sino al feng shui; dicen que carece del equilibrio

4. Veronica Huang: "Hong Kong's Tower of Assorted Trouble", *Wall Street Journal,* 12 de octubre, 1976, pág. 1; y Roy Rowan: Fortune (Octubre 1977), pág. 191.

ritual de los elementos naturales. Critican la poca importancia que el contratista otorgó a los vientos, el agua y al emplazamiento y diseño del edificio.

Varias explicaciones tienden hacia los elementos gráficamente mortuorios, como por ejemplo: las ventanas redondas se parecen a las fotografías circulares de los muertos que se colocan en las tumbas chinas; el edificio, con forma de lápida, está alineado con el restaurante Peak Tower, que se parece a la urna donde se queman varas de incienso para ofrendar a los muertos. Algunos habitantes atribuyen, en forma conveniente, sus problemas financieros al hecho de que el edificio parece una jaula de cangrejos extraída del puerto, con agua, que simboliza dinero, saliéndose por los agujeros.

Los chinos ven una relación directa entre el simbolismo que contienen las formas de sus edificios, y los destinos, bienestar y conducta de sus ocupantes, al igual que los chinos del campo aseguran que las montañas dominan sus vidas y fortunas. Los edificios sin

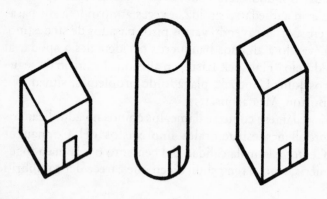

Formas buenas de edificios.

complicaciones, de forma cuadrada, cilíndrica o rectangular son buenos. Algunas formas son directamente auspiciosas. El Centro Comercial Asiático Hong Kong/Estados Unidos, situado en Oakland, California, es un consorcio de edificios octogonales que imitan el símbolo ba-gua del *I Ching*. El proyecto, inspirado en los recursos místicos del *I Ching*, es totalmente octogonal: los tragaluces, los mosaicos, las fuentes, las macetas, los bancos, los quioscos, las torres.

Esta idea tiene su origen en la arquitectura china antigua. El Templo del Cielo, al sur de Beijing, donde el emperador todos los años sacrificaba animales al cielo, fue construido con una forma propicia. Saliendo de la plaza cuadrada (la tierra), el emperador ascendía por escalones redondos (cielo), numerados de manera propicia en múltiplos de tres y nueve, para rezar por un año afortunado, buenas cosechas y confirmación del mandato divino, su derecho divino a gobernar.

El miedo más poderoso, un antiguo remanente del feng shui, es el simbolismo mortuorio. En Hong Kong, los complejos de vivienda modernos brillan de *woks* y espejos, que los residentes colocan fuera de sus ventanas para espantar la mala suerte producida por las cruces de las iglesias. Un pastor chino explicó: "Ellos piensan que es la cruz de la muerte, y nosotros creemos que es la cruz del amor".

Esta filosofía resultó un estorbo para los misioneros occidentales en China. En el siglo XIX, el misionero reverendo Edkins, describió el feng shui como "uno de los grandes obstáculos para el progreso de la civilización", que, según escribió: "Sofoca los esfuerzos del celo misionero". En el mismo siglo, los misioneros se veían obligados a quitar las cruces clavadas en la tierra de sus iglesias. Sin embargo, los chinos no se limitaban a los cristianos; también insistían en que los musulmanes debían quitar los minaretes de sus mezquitas.

En todo Asia, los chinos evitan vivir justo enfrente de una iglesia o de un templo budista. Una familia que vivía frente a una iglesia en Hong Kong se enfermó, con problemas de hígado, fiebres altas inexplicables, etcétera. La causa del miedo eran las ventanas de la iglesia, con forma de ataúd hexagonal.

Otros miedos que evocan las iglesias van desde la arquitectura religiosa pomposa y formal hasta la atracción y poder dañinos del edificio, que, como insisten los chinos, pueden quitarle el buen chi al edificio de enfrente. Hasta en la ciudad de Nueva York, los chinos tapan ventanas y cambian entradas para evitar que una iglesia situada enfrente les quite el chi a sus oficinas.

Debido a la fuerte relación de las casas funerarias con la muerte, la mayoría de los chinos evitan vivir o trabajar cerca de ellas. Pero debido a la falta de espacio y de elección en una ciudad, a veces los sectores comerciales y residenciales deben mezclarse. Esto puede resultar molesto si una persona vive frente a una casa funeraria. Los precios de alquiler de un edificio de departamentos bajaron cuando se instaló una casa funeraria al lado. Un inquilino comentó: "A nadie le gusta que le recuerden la muerte".

El simbolismo del feng shui suele reflejar el potencial real de un diseño. En Mei Foo Sun Chuen, un enorme complejo de viviendas situado en los Nuevos Territorios, algunos de las decenas de miles de residentes interpretaron que un incinerador cercano presagiaba la muerte. Aseguraban que lastimaba el feng shui local debido a que sus tres chimeneas de treinta metros de alto se elevaban como estacas de incienso, echando humo y cenizas, asemejando sus propias casas a lápidas. En este caso, el símbolo imitaba el efecto dañino potencial de polución del incinerador.

La altura de los edificios circundantes, sin importar su forma, pueden oprimir el chi de un departamento, estorbando el crecimiento personal y financiero. Su ocupante se sentirá constantemente oprimido y abrumado. Un empresario de Hong Kong explica: "A mi fábrica no le iba bien, porque un cine sobresalía sobre ella y la oprimía, así que colgamos un espejo y el negocio mejoró, hasta que volvimos a tener un mes malo. Subí a mirar un día y descubrí que el espejo estaba roto. Así que lo reemplazamos y ahora todo va bien nuevamente".

Otro caso es el del departamento de Lin Ke-fan, un violinista. Cuando el señor Lin llegó a Hong Kong proveniente de China, lo único que pudo pagar fue un departamento con mal feng shui. Pronto dejó de tener suerte, se quedó sin dinero y su trabajo empezó a fracasar. Llamó a Lin Yun, quien adivinó que el problema residía en la yuxtaposición del departamento del señor Lin, en un segundo piso sin ascensor, con las torres que lo rodeaban.

Parecía que los rascacielos oprimían el chi del señor Lin, y no le permitían desarrollar toda su capacidad. Esta situación cambió con el sencillo recurso de colgar un espejo rojo hexagonal en la parte exterior de una ventana. El espejo, enmarcado con los trigramas del *I Ching*, bloqueaba el carácter dominante de los edificios más altos y lo reflejaba. Sin embargo, esto produjo un eterno problema del feng shui. Las tácticas que benefician a una persona pueden ser la ruina de otra. Una familia vecina empezó a tener enfermedades repentinas e inexplicables. Para aplacar a los desesperados vecinos, el señor Lin quitó el espejo del exterior.

(Sin que la familia lo sepa, el espejo está colgado dentro, dirigido en la misma dirección).

Además del espejo hexagonal, otra panacea efectiva para la altura inferior de un edificio es instalar un estanque con agua en el techo. Lin Yun asegura que este recurso funciona especialmente bien, no sólo porque devuelve la opresión de las estructuras más altas, sino también porque las imágenes que se reflejan en el agua lo hacen en posición horizontal, como si se hubieran caído. El estanque también permite que el chi circule y aumente en el edificio.

Otro buen método para distorsionar un edificio tamaño Goliat es el espejo convexo, que refleja la torre al revés.

El simbolismo de un edificio puede afectar las vidas y negocios de quienes viven en él. Deben evitarse los edificios con forma de cuchillo y de bota. En Singapur, unos empresarios relacionan el fracaso de un centro de compras moderno con su forma de ataúd. Los expertos en feng shui inicialmente rechazaron el proyecto, pero fue construido de todos modos; en la actualidad el centro de compras está comercialmente muerto, una profecía que se perpetúa a sí misma.

Si un edificio de departamentos tiene torres que lo hacen parecer una cuchilla de carnicero, su ocupante puede comer, dormir y trabajar en su filo. Por otra parte, vivir en la torre, el mango del cuchillo, puede mejorar el chi del residente, dándole una sensación de control. Un espejo colgado en la pared opuesta a la pared del filo alejará al ocupante, así como su escritorio, cama o mesa, del filo hacia la seguridad.

Los residentes chinos en Hong Kong se rehusaron a comprar departamentos en dos torres altas y lujosas junto al puerto. Podía avistarse un futuro sombrío en ellos, a raíz de las luces rojas y brillantes situadas en la

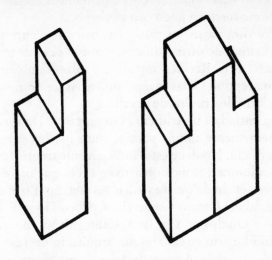

Edificios con forma de cuchillo de carnicero.

parte superior de los edificios, destinadas a advertir a los aviones. De noche, los edificios se asemejan a velas encendidas o a las varas de incienso que se utilizan en los funerales o en santuarios ancestrales. Muchos occidentales adoptan este modo de pensar debido a que las quejas por el mal feng shui reducen los montos de los alquileres y de los derechos de tenencia; así, deben alquilar estos departamentos de lujo por bastante menos dinero del normal.

Los adeptos al feng shui urbano consideran no sólo dónde vivir, sino también a qué altura. Lin Yun, que aplica principios similares a los de la montaña, dice que el habitante de un departamento debe encontrar un equilibrio: ni muy alto ni demasiado bajo, en un punto entre Escila y Caribdis. Vivir en los pisos más altos no es la situación más estable. Aunque la vista pueda ser mayor, los vientos fuertes dispersan el chi, sacuden el edificio y las ventanas. Un edificio muy alto también puede moverse un poco con el viento.

Por otra parte, los pisos más bajos son oprimidos por la altura de otros edificios y por el peso de los pisos más altos. Reciben menos luz solar. También son más susceptibles a las malas influencias del tránsito, la polución y los ruidos de la calle.

La entrada a un edificio es importante. Debe ser lo suficientemente amplia para permitir un ingreso saludable de chi. No debe estar directamente frente a árboles o columnas; ambos obstruyen el chi que ingresa, y oprimen el chi de quienes salen del edificio. En el diseño inicial del Centro Comercial Asiático Hong Kong / Estados Unidos en Oakland, California, un proyecto multimillonario en dólares, un arquitecto de Texas hizo colocar una columna de apoyo, que bloqueaba la entrada principal al complejo. Un empleado de Gammon Properties Ltd, una empresa inmobiliaria de Hong Kong, explica: "El arquitecto prestó poca atención al feng shui. Cuando el jefe vio la columna frente a la puerta principal, dijo: 'Esto no va a funcionar'". Así que clausuraron la entrada y abrieron una nueva, donde un pilar no constituía estorbo. Sin embargo, un pilar redondo no daña a los ocupantes tanto como uno cuadrado, pues el chi puede fluir suavemente alrededor de él, sin esquinas protuberantes que lo molesten.

Los comercios siguen sus propias reglas de feng shui. Es mejor tener una tienda ubicada donde el chi pueda ingresar con facilidad. Aplicando conceptos fluviales del campo, una tienda en la confluencia de varias calles tendrá un flujo constante de trabajo y dinero. Un banquero norteamericano del Citibank de Hong Kong bromeaba acerca de que gran parte del éxito que esta institución bancaria internacional tenía en la región se debía a que el edificio estaba ubicado en la confluencia de varias calles. Una tienda en mitad de una calle transitada, larga y en forma de flecha, no tendrá tanto éxito. Como lo explica Tao Ho, un arquitecto recibido en Harvard:

> Como arquitecto, cuando hablo de diseño ambiental, en realidad estoy hablando de buen feng shui... Una tienda en una esquina tiene muy buen feng shui, debido a que pasa mucha gente proveniente de diferentes lugares y también debido al semáforo. Si se quita el semáforo, la gente tiene que cruzar la calle corriendo, e ignora la tienda. Si la luz está roja durante algunos segundos, la gente se detiene a comprar. Si no hay luz, el trabajo no es tan

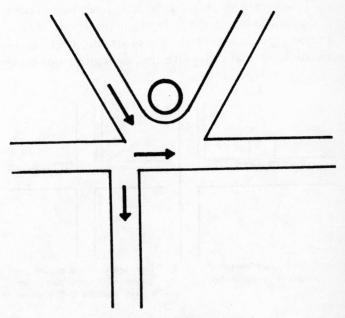

*Citibank en Hong Kong: ejemplo de buena
ubicación de un edificio.*

bueno, porque la gente no se detiene. El feng shui tiene mucho sentido, y es lo que hoy llamamos planificar según las necesidades del hombre.

Con frecuencia los chinos hacen la entrada a una tienda, hotel o banco en la ochava de una esquina, para que el acceso al comercio sea más amplio y para que el chi, la gente y el dinero sean atraídos. Durante años estas puertas eran utilizadas en su mayor parte en los garitos, como todavía lo son en los casinos de Macao. Hace unos años, cuando un banco de Hong Kong abrió una sucursal con una entrada en la ochava de la esquina, muchos chinos se alarmaron por su alusión simbólica a la forma en que el banco podría estar manejando sus fondos: tomando atajos para hacer dinero.
Los beneficios financieros de la puerta en ochava se derivan de la relación de la puerta con la calle. El chi bueno, y por lo tanto el dinero, es atraído, afectando el chi de las demás calles laterales, de manera que éstas

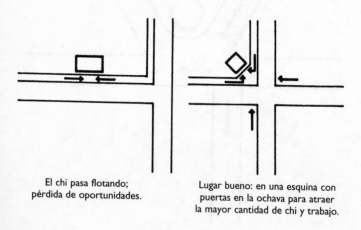

El chi pasa flotando; pérdida de oportunidades.

Lugar bueno: en una esquina con puertas en la ochava para atraer la mayor cantidad de chi y trabajo.

Sitios de tiendas.

138

también están dirigidas hacia la puerta. Cuando Lin Yun realizó el feng shui de Ywe Hwa, una gran tienda que vende exclusivamente productos de la República Popular de China, Lin Yun sugirió que instalaran puertas en la esquina en ochava; en la actualidad, el comercio prospera. De hecho, las puertas en ochava permiten un mayor acceso al banco o tienda, facilitando la entrada a un mayor número de personas, provenientes de distintas direcciones. La puerta en ochava no sólo le quita ángulo a la esquina, sino que también crea parte de un símbolo ba-gua, y agrega todavía más prosperidad a la formación de la puerta.

El agua es un elemento importante para generar dinero. En los negocios, dicen los chinos, es tan importante para el feng shui del Banco de Hong Kong y Shangai que la institución dio dinero al gobierno colonial para que construyera un parque y un garaje subterráneo, de modo que la vista al puerto Victoria —o el acceso al agua— no fuera afectada. Lin Yun asegura que, cuando no se dispone de masas de agua, las fuentes al aire libre son una buena solución, y al mismo tiempo extraen el chi bueno. Mientras señalaba una enorme fuente en el hipódromo Sha Tin de Hong Kong, Lin Yun una vez dijo que ésta era buena para el hipódromo, pues devolvía el dinero a las pistas, y aseguraba que la gente volviera otro día.

Los chinos utilizan las palabras *feng shui* vulgarmente como sinónimo de juego. Según Lin Yun, la presencia de agua del océano en la costa de Atlantic City presenta "muchas oportunidades para hacer dinero". Pero debido a que el agua no posee una claridad prístina, no es de sorprender que "exista la posibilidad de engaños".

Aunque es raro que existan reclamos, como en las aldeas, de incursiones en el feng shui y posteriores extorsiones, algunos reclamos de falso feng shui sirven para guardar las apariencias. Según un abogado norteamericano en Hong Kong, un anciano empresario chino utilizó el feng shui para guardar las apariencias de sus hijos. Los hijos habían redactado un contrato para comprar un enorme hotel en el sudoeste de los Estados Unidos. Al ver que sus hijos habían cometido un error, pues el hotel no valía el precio que iban a pagar, el anciano se quejó de que el edificio en cuestión carecía del equilibrio correcto de viento y agua, y que bajo esas circunstancias, no iba a comprar el hotel, salvando así su dinero y el honor de sus hijos de una mala transacción comercial.

Abundan las historias de engaños de feng shui en Hong Kong. Según la leyenda de Hong Kong, en los años treinta, un sacerdote de feng shui advirtió a un tal señor Eu que éste viviría siempre que construyera casas. Así, durante años, el señor Eu agregó alas y torrecillas palaciegas a sus mansiones, que ya de por sí eran bastante cargadas; eran tres en total: Euston, Eucliff y Sermio. Cuando los japoneses invadieron Hong Kong en 1941, la construcción se detuvo y el señor Eu, tal como había sido profetizado, murió poco después. Algunos residentes de Hong Kong dicen que el sacerdote y el arquitecto estaban confabulados.

Por otra parte, algunas personas llegan al extremo de atribuir su bien ganada prosperidad al buen feng shui. No importa el dinero que posean o cuántas mansiones tengan, su dirección oficial seguirá siendo en ese sector ruinoso de Hong Kong donde comenzaron a amasar su fortuna. Estas personas no se consideran a sí mismas con empuje e iniciativa, sino que estaban destinadas a recibir dinero gracias a que su casa u oficina estaban situadas en un sitio auspicioso. Mantienen la casa como los occidentales podríamos guardar una pata de conejo. La teoría es ésta: siempre y cuando su dirección oficial sea este lugar de sus comienzos, la buena suerte seguirá acompañándolo.

Una *amah* no quiere permitir que sus empleadores, los Edgar, se muden, alegando que su departamento de Hong Kong les dio once años de relativa buena suerte: no ocurrió nada malo ni se enfermaron. Pero lo más importante es que el hogar, de nivel medio, de los Edgar, es el departamento "de la buena suerte" *de ella*. "Nuestra suerte es bastante buena", dice Sylvia Edgar, "pero todo lo que hace nuestra *amah* resulta bien; ella compra tierras en Lan Tao y el valor de la propiedad después se duplica. Todo lo que ella toca se convierte en oro. Aunque ella posea tierras y propiedades, y es probable que sea más rica que nosotros, a ella le gusta vivir en nuestro departamento. Dice que le da suerte, y si suerte es lo que ella tiene, la tiene en abundancia".

Seis

INTERIORES:
ARQUITECTURA

Los departamentos y las oficinas ejercen el mayor impacto sobre los habitantes de una ciudad. El interior de la casa es el fundamento de la vida de una persona, que determina y da forma al chi. Los interiores con buen feng shui alimentan el chi del residente, de modo que éste tiene éxito en el mundo exterior y es capaz de manejar las circunstancias hostiles, como por ejemplo un robo a mano armada. Por otra parte, vivir en un interior mal diseñado equivale a buscarse problemas. El mal feng shui obstruye el potencial de su ocupante, causándole tensión, irritabilidad y, en definitiva, infelicidad. Si el interior no está equilibrado, un buen vecindario no servirá de mucho. Según Lin Yun: "Si la gente vive y trabaja en ambientes que lastiman o empequeñecen su propio chi, no puede tener éxito en nada. Otros lugares podrán desarrollarse, pero una zona cuyos residentes están desequilibrados se degenera". Así, en las ciudades, los expertos modernos en feng shui hacen hincapié en el chi interior.

Aunque el campo por lo general ofrece un mejor chi, un habitante de ciudad puede remediar muchos males urbanos: falta de espacio, de luz solar, de árboles y de agua, utilizando antídotos de feng shui, y así controlar su propio ambiente. No obstante, las reglas de interior también se aplican a las casas rurales y suburbanas.

Lin Yun utiliza métodos chu-shr para dar significado a los espacios y para activar el chi, resolver ambientes hostiles, equilibrar hábitats poco armoniosos, canalizar la energía en las habitaciones para mejorar la energía de sus ocupantes y así su desempeño en el mundo. Los artículos principales del feng shui incluyen espejos, iluminación, simbolismo, carillones y plantas.

Una casa se parece a un cuerpo, pues tiene su propio metabolismo. El chi debe fluir parejo en todas partes, bombeándose suavemente desde el vestíbulo hasta las habitaciones. Las ventanas y puertas, es decir las "narices" y "bocas" de la casa, separan el chi interior del chi exterior. Una vez inhalado, el chi se canaliza idealmente de un espacio a otro a través de puertas, paredes, pantallas, vestíbulos, rincones, plantas y muebles. Los ocupantes, órganos vitales de una casa, se alimentan con el flujo constante y saludable de chi, ni demasiado fuerte ni demasiado débil, para operar a su máxima capacidad.

Por ejemplo, el tamaño de la puerta debería serlo en relación a la casa. Una entrada proporcionadamente pequeña es como tener una boca diminuta: no permite que ingrese suficiente chi para circular, disminuyendo así las posibilidades de salud, riqueza y felicidad. Por otra parte, si la puerta es demasiado grande, ingresará demasiado chi. Para solucionar el problema de una puerta pequeña, colocar un espejo en la parte superior o a los costados de la puerta, para dar un efecto de altura y ancho. Si la puerta es demasiado grande, instalar un carillón en el vestíbulo principal para dispersar las corrientes de chi fuertes y dañinas.

PUERTAS: ENTRADAS

El buen feng shui suele depender de la forma de la puerta de entrada, de su tamaño y orientación. Si el feng shui de la puerta principal es equivocado, los habitantes pueden sufrir desastres. Debido a ello, algunas personas ingresan únicamente por la puerta trasera. Una famosa actriz de Hong Kong pasa por las dependencias de los sirvientes para ingresar a su elegante departamento. A un ama de casa china, que vive en Shek-O, un sector de moda de la isla de Hong Kong, le dijeron que todas las cosas buenas se le estaban escapando por la puerta principal, así que ésta fue bloqueada pese a las protestas de su marido europeo. No obstante todo el mundo, desde los sirvientes hasta los invitados, ingresaban por la puerta trasera. Y su suerte cambió, tanto que cuando más tarde el marido se mudó de oficina, llamó a un experto en feng shui, quien le dijo que necesitaba dos puertas. Después de realizar los ajustes necesarios, le fue muy bien.

La entrada confiere el tono, las "vibraciones" de una casa. Como dice Lin Yun: "Si somos lo suficientemente sensibles al ingresar en una casa, pueden tener-

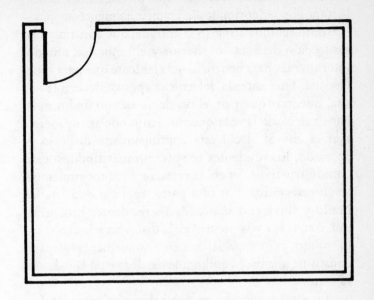

Entradas: entrada ideal – máxima vista.

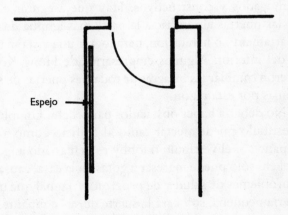

Espejo

Entrada de George Hsu.

se varias sensaciones: algunas nos ponen felices, otras, incómodos y deprimidos". Tradicionalmente hospitalarios, los chinos arreglan la entrada, que constituye la protección del mundo exterior y el umbral al mundo interior, más para beneficio del residente que para el de la visita. Una entrada defectuosa apenas afecta a la visita, mientras que para el residente es uno de los muchos rasgos de la casa que pueden modelar o programar el chi. Si el chi está continuamente disperso o apartado, los residentes se volverán más tímidos, casi autodestructivos. Su chi se retraerá y sus movimientos serán reservados. Por otra parte, si el chi está equilibrado y fluye con suavidad, los residentes prosperarán. Así, la luz y la oscuridad, la distancia y la cercanía, lo sólido y lo espacial deben complementarse para constituir una base equilibrada desde la cual la vida será exitosa.

Lo ideal es ingresar en una habitación amplia e iluminada, o un vestíbulo que dé una sensación expansiva, de felicidad. Eso alentará a que las mentes de los residentes, sus movimientos y emociones sean expresivos, desahogados y constructivos. Hay que asegurarse de que las puertas abran hacia la parte más amplia de un departamento o habitación, para lograr una vista máxima del interior. Algunos empresarios de Hong Kong hicieron cambiar las bisagras de todas las puertas de sus oficinas por esta razón.

No debería haber obstáculos para el chi. Un lobby o vestíbulo puede afectar tanto al edificio como a su ocupante. Si el vestíbulo o lobby es demasiado angosto, el chi sólo puede ingresar a gotas en la casa, causando problemas de salud y de progreso. Al igual que una cañería pequeña, sofocará la suerte de sus ocupantes y ahogará sus carreras.

Tomemos como ejemplo el foyer de la residencia de George Hsu, representante en Hong Kong de la General Electric. Al ingresar en su departamento, los Hsu eran recibidos por un vestíbulo angosto y oscuro que parecía un túnel, puntuado por una viga baja, que obstaculizaba más aún el chi. Eso causaba, asegura el señor Hsu, que sus hijos se enfermaran constantemente, y finalmente, que su esposa muriera al dar a luz. Desesperado, buscó consejo en el feng shui. Para ampliar el angosto foyer, colocó un espejo ancho en la pared del vestíbulo, visible desde la entrada, agregando así una aparente profundidad y permitiendo que el chi se expandiera a través de la pared obstructora. El señor Hsu instaló entonces un falso techo de cristal translúcido, iluminado por luces superiores, oscureciendo así la viga y alentando al chi a ascender hacia la luz.

De la misma manera, una pared justo enfrente de la entrada también puede encerrar el chi, haciendo que el ocupante se sienta vencido, como si constantemente estuviera chocando contra una pared de ladrillos.

La solución para las entradas confinadas, ya sea una habitación, un vestíbulo, un departamento o una oficina, es colgar un espejo sobre la pared ofensora, extendiendo así el área visual, de modo tal que la pared no obstruya el movimiento de chi. Para una pared opresora paralela a la puerta, deberá colgarse un cuadro o foto atractivos, por ejemplo, de un paisaje, para atraer el chi de la persona. Una luz brillante en el vestíbulo atraerá y expandirá el chi. Cuando la bombilla se agote, deberá reemplazarse por otra de la misma intensidad o mayor, pero nunca menor.

El chi que fluye con demasiada fuerza puede inhibir el chi de los residentes. A fin de modificar el flujo de chi, los chinos tradicionalmente evitan tener tres o más puertas o ventanas en hilera. Este arreglo, que recuerda a

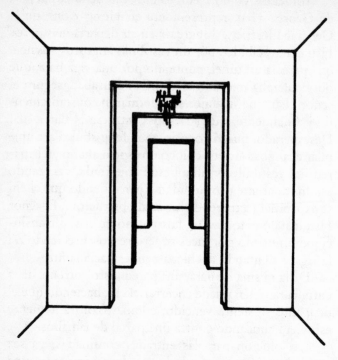

*Tres puertas o ventanas en hilera: colgar un carillón
o móvil para dispersar el chi.*

los ríos y calles en forma de flecha, canaliza el chi con
demasiada rapidez. Puede cortar la casa en dos, y crear
opiniones diferentes entre los habitantes. Una corriente de aire, sutil barrera física, puede levantar paredes
emocionales subconscientes que afecten las relaciones
familiares. La fuerza invisible de la corriente también
puede llevarse el dinero y amenazar a los miembros de
la familia con posibles intervenciones quirúrgicas, de-
rivadas en su mayor parte de problemas internos a lo
largo del eje vertical central del cuerpo.

Los chinos tradicionalmente colocan una pantalla entre las puertas para alejar el chi fuerte y para espantar demonios, que tienden a volar en líneas rectas. Otro antídoto para las divisiones domésticas es tener todos los dormitorios de un solo lado del vestíbulo. Sin embargo, este arreglo es un poco arriesgado, pues somete a la familia a cambios extremos, que a veces pueden resultar buenos, y otras desastrosos. La mejor cura general consiste en colgar un carillón, un móvil o una cortina de cuentas en la línea de fuego de la puerta, para dispersar la corriente de chi fuerte de modo parejo por toda la casa.

Las puertas que no se usan o "muertas" también pueden causar disputas internas. Estas inhiben la corriente de chi. Un espejo colgado sobre una puerta "muerta" curará la situación y dará aparente profundidad a la puerta.

Norte:
éxito comercial

Comercio y viajes
internacionales

Éxito profesional

Oeste: fama de
descendientes

Este: buena vida
familiar

Buen cónyuge

Riqueza

Sur: fama

Posiciones de I-Ching para camas y puertas.

149

La orientación de una puerta puede contribuir a determinar el destino. Un método de orientación se basa en el símbolo *I Ching* octogonal: las puertas que enfrentan cualquiera de ocho direcciones posibles confieren diferentes fortunas. Una puerta al norte trae buenos negocios, al sur significa fama, al este trae una buena vida familiar, y al oeste otorga fama a los descendientes. Un puerta que da al nordeste implica éxito profesional e inteligencia, hacia el noroeste promete que los miembros de la familia viajarán lejos y desarrollarán intereses fuera de la casa, hacia el sudeste significa riqueza y al sudoeste un buen cónyuge.

Alineación de las puertas

La alineación de las puertas resulta fundamental. Las puertas deberían estar una justo frente a otra, y no deberían superponerse. (Sin embargo, dos puertas de baños no deben quedar una frente a la otra). Deben evitarse las puertas superpuestas pero paralelas. Un arreglo de puertas potencialmente dañino es cuando dos puertas están centradas a lo largo del mismo eje, pero una puerta es más grande que la otra. Esta alineación sirve si la puerta grande es la entrada a una habitación grande, como un dormitorio, living-room o cuarto de huéspedes. Una puerta pequeña debería dar entrada a una habitación pequeña: un armario, una cocina o un baño. Debido a que lo grande se impone sobre lo pequeño, una puerta grande como entrada a un baño puede causar problemas de salud y de personalidad; las puertas grandes deberían conducir a grandes cosas. Si es la entrada a un baño, entonces los residentes estarán siempre ahí, ya sea enfermos de indigestión o arreglándose en vano la cara. En estos casos deberá colgarse un espejo o cuadro bonito en la parte exterior de la puerta grande para alejar a los residentes. También debe evitarse que dos mangos de puertas se choquen cuando las puertas se abren, pues eso produce discusiones familiares. Habrá que cambiar las bisagras de la puerta o pintar puntos rojos pequeños al nivel de los ojos en cada puerta.

Lo peor de todo es cuando dos puertas están un poco fuera de línea, aunque a simple vista dicho defecto pase inadvertido. Esto puede dañar la salud, la carrera

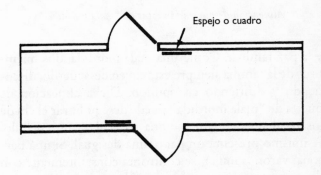

Alineaciones de puertas: puertas paralelas superpuestas y de diferentes tamaños sobre el mismo eje.

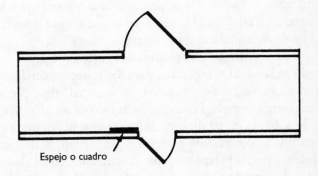

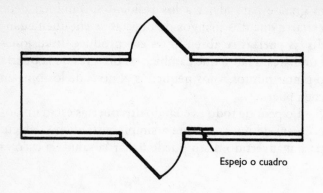

Espejo o cuadro

Alineación de puertas: puertas de "mala mordida".

y la paz familiar. Como una mala mordida, dos miembros de la familia siempre estarán en desacuerdo, discutiendo y difiriendo en opinión. Dicha alineación de puerta de "mala mordida" puede desequilibrar el chi de los residentes con su esquina parecida a un cuchillo. Asimismo presenta un panorama desigual. Si una persona, varón o mujer, se confronta constantemente con dos vistas, una que termina rápidamente en una pared y otra de largo alcance en la otra habitación, la armonía interior de su cuerpo y su flujo de chi pueden verse perturbados. La situación es similar a usar anteojos con la corrección equivocada; quien los use se sentirá disociado y desorientado con los anteojos y sin ellos.

El antídoto para las puertas desiguales: colgar un espejo en la pared más cercana para dar la impresión de espacio extenso, o algo atractivo en la pared, algo que al ocupante le agrade. Por ejemplo, la foto de un niño querido sobre la pared dirigirá su atención y su chi hacia el niño. Un comerciante podría colgar un billete de cien dólares. Así, la perspectiva que el ocupante tiene de la vida y del mundo estaría equilibrada, dirigida y enfocada.

La puerta más peligrosa es la torcida, que esté sobre una diagonal o bajo un techo inclinado. Una puerta torcida puede destruir un buen feng shui, y producir sucesos generalmente horribles e inimaginables.

Las paredes, vigas o puertas oblicuas pueden causar catástrofes caprichosas. Tomemos como ejemplo el de una familia que vive bajo una viga inclinada: el hijo fue al aeropuerto para reunirse con sus compañeros de clase, que volaban a Inglaterra en viaje de estudio. Todos sus amigos llegaron a horario para abordar el avión; él llegó tarde y tomó el siguiente vuelo, que se estrelló. Aunque el niño sobrevivió, se lastimó gravemente la mano. Lin Yun explica: "Si usted tiene algo torcido, sucederá algo torcido, ambiguo, perverso e inimaginable. Por ejemplo, si usted trabaja mucho, debería tener mucho éxito, pero el resultado será diferente. Otra persona menos dedicada que usted prosperará más".

Para enderezar una viga, puerta o pared inclinada, hay que colgar de la viga, puerta o pared una cortina bonita del tipo de las de lona, con borlas pequeñas de seda, o agregar madera, flores o plantas. Otro método consiste en trazar una línea oblicua en la parte más delgada de la viga, de modo tal que se parezca a un símbolo ba-gua.

VENTANAS

La forma y el estilo de la ventana puede determinar el flujo de chi. Es mejor instalar una ventana que abra completamente, hacia fuera o adentro, en lugar de una que abre como guillotina. Una ventana que abre hacia

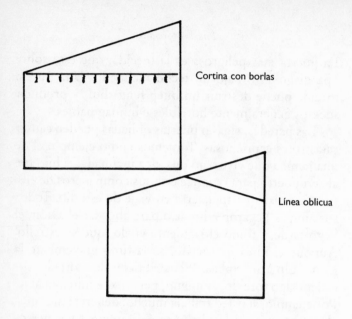

Cortina con borlas

Línea oblicua

Estructuras oblicuas: colgar una cortina roja con borlas o viga de madera para emparejar, o trazar una línea oblicua.

fuera es mejor, pues destaca el chi del ocupante y sus oportunidades profesionales, gracias a la cantidad máxima de chi que puede ingresar y circular por el interior. El movimiento de apertura extiende el chi del ocupante hacia fuera. Algunas ventanas que abren hacia adentro, por otra parte, pueden lastimar el chi y por consiguiente las carreras. No debería haber ningún obstáculo que interfiera con el flujo del chi ni con el flujo del proceso de apertura.

Si una ventana se abre hasta la mitad, como en muchas casas de la antigua Nueva Inglaterra, este hecho hace que el residente dé una falsa impresión a los demás, pues sólo reciben parte del chi.

Los chinos a veces desdeñan una buena vista al tapar ventanas por razones de feng shui. Por lo general, esas ventanas dan al oeste, de donde proviene el brillo molesto del sol del crepúsculo, razón que puede interrumpir el trabajo y producir jaquecas.

En la Cámara de Comercio de los Estados Unidos en Hong Kong, había una silla que parecía ser el asiento de muerte de todos sus ocupantes. Cuando dos empleados que se habían sentado ahí en forma consecutiva murieron, la editora de su boletín interno, June Shaplen, contrató a un experto en feng shui, quien sugirió que por una ventana al oeste entraban fuerzas malignas. Se colgaron persianas y se mantuvieron cerradas durante la tarde, y a partir de eso todo fue bien.

En el estudio de arquitectura de Eric Cumine, las ventanas que dan al oeste también estaban tapadas para proteger su oficina de la calle exterior. Según el señor Cumine, "el flujo del tránsito se lleva el dinero". Algunas personas tapan ventanas para repeler el chi malo que emana de las iglesias y los templos. Otros cuelgan persianas para tapar burdeles o bares de marineros que estén cerca.

El tamaño de una ventana y su yuxtaposición con respecto a las puertas interiores resultan importantes al determinar el flujo interno de chi en una casa. La familia otorga importancia al tamaño y número relativo de puertas y ventanas. Más específicamente, la relación ventana-puerta es como aquélla de padre e hijo: la relación entre generaciones. La puerta (la boca del padre) debe ser más imponente que la ventana (boca del niño), pues de lo contrario el niño será rebelde.

La proporción de ventanas y puertas también afecta la armonía familiar. Mientras que una ventana está bien, tres o más pueden causar discusiones familiares: demasiadas lenguas conducen a demasiadas opciones.

Demasiadas ventanas significan que hijos e hijas criticarán y discutirán, e incluso serán insolentes con sus padres. También puede producirse malestar familiar si la ventana es más grande, porque el niño no escuchará a sus padres. Sin embargo, no está mal tener una ventana grande con secciones o cristales más pequeños.

La cura consiste en colgar una campana o un carillón arriba de la puerta o donde una puerta que se abre puede hacerlo sonar. La ventana (niño) puede ser tan grande que no le preste atención a la puerta, pero cada vez que ésta se abre y hace ruido, la ventana debe prestar atención.

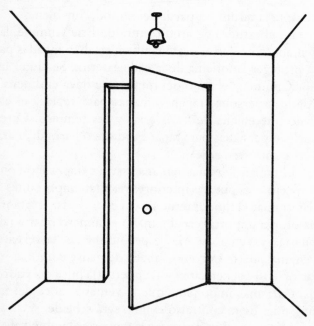

Proporción de puertas-ventanas: si las ventanas superan en número de tres a uno a las puertas, o si la ventana es más grande que la puerta, colgar una campana o carillón, de manera que la puerta suene el carillón al abrirse.

Deben evitarse las vigas o cabios bajos, pues constituyen cargas para la prosperidad y el crecimiento. Las vigas no sólo oprimen el chi de quienes están debajo, sino que también impiden la circulación de chi a través de la casa. A pesar de que los cabios expuestos en las casas occidentales y las vigas unidas con exquisita ebanistería en los templos y pabellones chinos constituyen un atractivo en cualquier edificio, los chinos consideran que las vigas, en especial el soporte central, son peligrosas.

Las vigas oprimen el chi, y si están situadas sobre una entrada, una cama, una mesa de comedor o una estufa, producen debilidad. Al soportar el peso de la casa, las vigas emiten una presión dominante y desalentadora sobre quienes se encuentren directamente debajo de ellas. Una viga sobre la entrada causará una especie de compresión psíquica que obstruye no sólo el trabajo y la esperanza profesional, sino también el desarrollo personal.

El daño causado por las vigas en un dormitorio varía según su posición. Un cabio situado sobre la cabecera de una cama puede ser el origen de constantes jaquecas. Sobre el estómago, una viga puede producir úlceras, dolor de espalda e indigestión. Sobre los pies, las vigas pueden inmovilizar al ocupante, e incapacitarlo para viajar o tomar decisiones.

Un cabio sobre la mesa del comedor asegurará que el dinero prestado nunca sea devuelto, y que a partir de ese momento el ocupante pierda dinero de otras maneras. Como resultado, sobre la mesa habrá menos comida y de peor calidad. Un cabio sobre una estufa también afecta la salud y perjudica las oportunidades financieras.

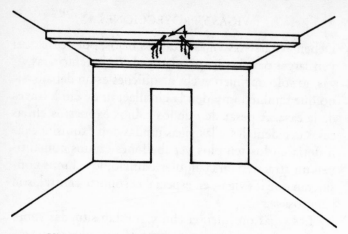

*Vigas: crear un símbolo ba-gua (octogonal) colgando
dos flautas con borlas. Las flautas bombean el chi a través
de las vigas opresoras.*

Antídotos: mover la cama, estufa o mesa de debajo
de la viga, instalar un espejo elevado para permitir que
el chi penetre la viga, o colocar un petardo arriba de la
viga, para volar simbólicamente la estructura opresora.
Otra cura más mística sería colgar dos flautas de bambú inclinadas una hacia la otra, con borlas de seda roja
o cintas colgando. Este arreglo no sólo imita la auspiciosa formación ba-gua, una imagen que corrige todos
los males, sino que también, al ser huecas, las flautas se
convierten en fuente de chi, que simbólicamente se eleva a través de la viga. La flauta tiene forma de cuchillo,
y si está bien dirigida, protege a sus ocupantes y expul-
sa los malos espíritus y la tragedia.

En un vestíbulo, instalar un falso techo de vidrio
translúcido, iluminado por luces superiores, permite
que el chi circule suavemente.

Deben evitarse los rincones angulosos, parecidos a cuchillos que sobresalen en las habitaciones, pues amenazan a sus ocupantes y socavan su chi. La cura consiste en colgar ya sea una enredadera en la esquina del ángulo o un espejo en un costado, o cerrar el ángulo.

Incluso los objetos pequeños que sobresalen en ambientes estrechos pueden resultar perjudiciales. Se detectó que los problemas en la oficina de un empleado del gobierno de los Estados Unidos provenían de un mango del altillo que colgaba en el pasillo de su oficina. A pesar de que el empleado trabajaba mucho y bien, su jefe siempre lo criticaba. Al parecer el mango lo programaba para que lo trataran mal. Cada vez que pasaba por el pasillo, tenía que agacharse o golpearse la cabeza; de

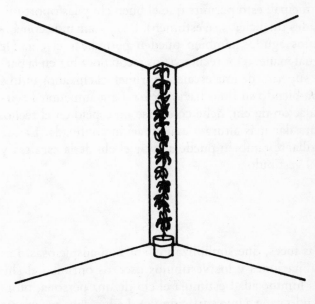

Rincón sobresaliente: instalar un espejo
o enredadera para suavizarlo.

este modo, moldeaba su chi en una forma defensiva y desigual que hacía que la gente lo criticara. En forma inconsciente, el empleado pedía que lo maltrataran. El antídoto fue, por supuesto, acortar el mango. Ahora el empleado asegura que la vida de la oficina y de su hogar son mejores. Trabaja menos, pero su jefe lo respeta y lo trata mejor. "Me siento en control de mi vida".

ESCALERAS

Las escaleras son los conductos de la casa, que bombean chi de un piso a otro. No deben ser muy restringidas. Las mejores son las escaleras elegantes y redondeadas que descienden al vestíbulo central. (Los chinos evitan las escaleras que dan directo a la puerta principal; esto permite que el buen chi y las oportunidades financieras se esfumen). Los pasamanos con ángulos agudos también pueden perjudicar el chi. De igual manera, los techos bajos y con poca luz en la parte superior de una escalera oprimen el chi, ahogando e inhibiendo su flujo hacia arriba. Para aumentar la circulación de chi, debe colocarse un espejo en el techo, para dar más altura a esa situación confinada. La luz brillante también puede activar el chi de la escalera y del vestíbulo.

LUCES

Las luces, que simbolizan el sol, son auspiciosas. Las habitaciones y los vestíbulos oscuros oprimen el chi. La luminosidad estimula el chi de una persona, otorgando yang a una situación yin. La luz debe mezclarse bien con el ambiente. Por ejemplo, los candelabros colgantes cumplen una doble función: activan el chi y distribuyen el chi fuerte en forma pareja por una habitación. Sin embargo, si están colgados muy bajos, u obstruyen las acciones de las personas, pueden lastimar el chi de los residentes.

ESPEJOS

En Long Island, la familia Pan cuelga un espejo en el comedor, no por razones de diseño, sino para mejorar el feng shui. Desean atraer el agua del río (dinero) hacia su hogar y a la mesa donde comen, bendiciendo los alimentos y sus vidas. Mientras que los espejos, una frecuente cura de feng shui, se utilizan tradicionalmente para repeler espíritus malignos y malas formaciones de feng shui, el feng shui del Gorro Negro utiliza los espejos de otras cinco maneras adicionales: para atraer las fuerzas positivas, como el chi del agua y de las montañas, y para reflejar la luz; para permitir que el buen chi atraviese las puertas sin uso, alimentando el departamento y la familia; para reflejar a los intrusos cuando el ocupante da la espalda a la puerta, previniendo sorpresas que podrían dispersar el chi; para combatir los efectos opresivos de una pared cerrada, creando así una sensación visual saludable de distancia, de modo que el chi puede circular libremente; y simbólicamente, para atraer al interior de la casa una habitación que sobresale de la puerta principal.

Los espejos, no importa cuál sea su uso, nunca deben ser colgados de manera tal de cortar la parte superior de la cabeza a la persona más alta de la familia; de lo contrario, esa persona será propensa a las jaquecas, y su chi se verá disminuido. Los espejos tampoco deben ser colgados a demasiada altura.

PLANTAS

Las plantas proporcionan una panacea atractiva para muchos problemas de feng shui interior. Recuerdan simbólicamente tanto la naturaleza como el crecimiento, y evocan la naturaleza en miniatura. Colocadas en un rincón, permiten que el chi se eleve y circule y que no se estanque. Situadas en un rincón sobresaliente, protegen la habitación de bordes agudos. Si crecen arriba de la cabecera de una cama, elevan el chi de quien duerme. Las plantas en sí mismas, además de conducir el chi, lo generan y lo suministran. Aportan una sensación de crecimiento y de vida a la casa. Con frecuencia las plantas pueden controlar los efectos malignos, transformándolos en chi positivo y suave, como por ejemplo al limitar las grandes cantidades de chi pesado que ingresan a través de las ventanas grandes.

AGUA

La presencia de agua en las casas, las oficinas, tiendas y restaurantes atrae dinero. Algunas empresas exitosas con vistas a ríos, lagos y puertos, pueden colgar espejos en sus oficinas, para reflejar el chi del agua, que trae dinero. Sin embargo, otros deben proveerse su propia agua, instalando peceras. (Aquellas con burbujas que suben a la superficie estimulan especialmente la circulación de chi). El agua debe estar siempre limpia y los peces, saludables.

Los lavatorios también son fundamentales para evitar que los negocios se estropeen. En Lee Travel Service, la puerta trasera de la oficina de los vendedores daba a la entrada del lavatorio de damas. Se le aconsejó a la oficina mantenerlo cerrado y colgar un espejo hasta la mitad de la puerta para mejorar las ventas y abrir un nuevo camino simbólico.

En una empresa de Hong Kong, el dueño movió el cuarto de lavado, lavatorio, tuberías, todo, junto a la secretaria de contaduría. "Cada vez que alguien se lava las manos", explica, "entra más dinero".

COLORES

Otro aspecto de buen feng shui es el color. Para los chinos, el destino de una persona puede verse afectado por el color de la casa, la ropa, la oficina, etcétera. En occidente, los colores describen estados de ánimo: ponerse rojo de furia, verde de envidia. Con frecuencia uno se viste según su estado de ánimo y sentimientos. Los publicistas suelen manipular las respuestas emocionales y psicológicas de una persona a un producto mediante la elección de colores. De igual manera, el color afecta el feng shui de una casa. El rojo, para los chinos, es el color más auspicioso, que connota felicidad, fuego, calidez y fuerza. Los santuarios, la ropa y los sobres, como aquellos que los niños reciben en Año Nuevo o los que se les entregan a los geománticos para pedir favores de feng shui, son especiales si son rojos. Una novia china lleva un *cheongsam* color escarlata, el padre de un niño recién nacido regala huevos rojos. Muchos pacientes de Lin Yun usan cintas rojas en las muñecas, cinturas y cuellos, para canalizar y retener el chi.

El rojo fuerte, púrpura o morado, el "corazón" del rojo, son colores igualmente vitales, que inspiran un profundo respeto.

El verde emite tranquilidad y frescura. Es el color del crecimiento en primavera y señal de salud en el chi de la tierra. Chu Mu, director de películas, vive en un mundo verde, rodeado de tapizados verdes, alfombras verdes y plantas. Hasta conduce un Mercedes verde. Sus razones van más allá de su tranquilidad. El señor Chu explica: "Yo nací el año del Carnero, y de qué otra cosa se alimentan y prosperan los carneros que no sea pasto, y el pasto más sano es verde". Así que, viviendo en medio de verde, Chu Mu espera que sus años sean abundantes y sus oportunidades se desarrollen.

El amarillo, el color del sol y de la luz, significa longevidad. El amarillo dorado estaba reservado a la familia imperial, en su ropa y azulejos cerámicos. Los monjes budistas tradicionalmente usan batas color azafrán.

El color más terrible para los chinos es el blanco. El blanco es el color de más profundo duelo, lo que es el negro para la cultura occidental. En los funerales tradicionales chinos, la familia del fallecido se viste con batas sencillas de muselina sin blanquear como señal de humilde pesar. Algunos dicen que el blanco embota los sentidos. Las habitaciones austeras, modernas, blanco sobre blanco, significan la muerte para los chinos. Cuando Lin Yun inspeccionó el loft de un artista, completamente blanco, situado en un sector del Soho de Nueva York, le sugirió que pintara la puerta de rojo. "De lo contrario", explicó, "parece un hospital o un cuarto de enfermo, finalmente los miembros de la familia caerán enfermos. Debe haber un poco de color". Muchos interiores blancos revisados por Lin Yun tienen flores rojas, puntos rojos, puertas rojas, enredaderas verdes o alfombras de colores para compensar un "acontecimiento blanco": muerte, fracaso y enfermedad. En una clínica dental de Hong Kong, los asistentes rechazaron el uniforme blanco y aceptaron trabajar recién cuando el color fue cambiado a verde.

Un urbanizador, respetuoso del feng shui, se rehusa a usar blanco o azul, un color también de luto, frío y secundario, en sus edificios, y recurre a los verdes y rojos, colores más auspiciosos. (El azul no siempre se evita).

El negro también es un color que se elude. Significa mala suerte, acontecimientos oscuros, la pérdida de luz cuando la puerta del ataúd por fin se cierra.

A menudo el arreglo de colores y el resultado son bastante específicos. A un joven que desea casarse, Lin Yun le sugiere una cura chu-shr: tender la cama con sábanas rosas.

ARREGLO DE HABITACIONES

La yuxtaposición de habitaciones también afecta el feng shui. Por ejemplo, cuanto más cerca está la cocina del comedor, mejor. La cocina también debería estar a cierta distancia de la puerta principal. Los chinos dicen que si la visita entra y en seguida ve la cocina, la residencia será utilizada por los amigos únicamente para comer. En tal caso, se debe mantener la puerta de la cocina cerrada, con un espejo colgado de ella.

El sitio de los baños resulta crucial. La plomería de la casa parece afectar la plomería interna del residente y sus gastos, dado que el baño es donde el agua, o el dinero, se escapa de la casa. Las cocinas y los baños deberían estar situados a cierta distancia entre sí. De lo contrario, la salud y las finanzas serán malas y el dinero ganado parecerá gastado o perdido en poco tiempo. (El dinero para la comida se irá por las cañerías). Debe mantenerse la mesa del comedor más cerca de la cocina.

Si lo primero que se ve al entrar en una casa es un baño, tanto las visitas como los anfitriones sufrirán de mala salud. Asimismo, el dinero del anfitrión se consumirá mientras sus finanzas se van por las cañerías. La cura: mantener la puerta cerrada y colgar un espejo de ella.

Un baño al final de un pasillo largo es malo para la salud de una familia, pues se encuentra justo en la línea del vestíbulo en forma de flecha, que conduce rápidamente el chi. El chi que ingresa a través de una puerta o ventana se meterá en el baño, afectando los sistemas biológicos de la familia. En una de estas casas, la esposa no podía tener hijos. Un experto en feng shui sugirió, entre otras cosas, que ella colgara una cortina de cuentas en el pasillo, para dispersar el chi. (Un carillón o móvil también sirven). Un año después, era una feliz madre.

Un inodoro nunca debe estar justo frente a la puerta, sino fuera de la línea principal de la puerta.

MANTENIMIENTO

El mantenimiento de la casa resulta fundamental para el flujo suave de chi y el equilibrio de yin y yang. Una casa en buena forma afecta positivamente a sus residentes. El chi puede alterarse cuando se rompen o deterioran elementos de la casa: ventanas rotas, techos que gotean, pasillos o habitaciones desordenadas, cañerías tapadas. El efecto es similar en un cuerpo anciano o enfermo: si la sangre y el aliento no pueden circular, el resto del cuerpo se enfermará. El mantenimiento es esencial. Los residentes pueden sufrir males comparables. Un agujero sin reparar podría pudrirse, infectando a sus residentes, quienes podrían tener que ser sometidos a una operación. Las cajas y las bolsas de compra apiladas en un vestíbulo o detrás de una puerta pueden inhibir el chi, bloqueando así el movimiento físico y los objetivos profesionales.

El mantenimiento de las puertas es importante. Una puerta debe abrirse con facilidad. Si el ocupante debe empujar continuamente para abrir la puerta atascada, el chi de su cuerpo se desequilibra. Las puertas deben estar bien aceitadas. Los chirridos agudos que producen las bisagras oxidadas no sólo dispersan el chi interior sino también aquél de los residentes, dando como resultado nervios y mala salud. Las puertas no deben golpearse unas a otras como dientes que rechinan.

La condición de las ventanas, los ojos, orejas y nariz de la casa, puede afectar la salud del ocupante, en especial sus orificios. Si la ventana está rota o tapada con papel, el ocupante sentirá incomodidad en las orejas, los ojos y la nariz. Tener hijos resultará difícil.

La conservación del baño también resulta fundamental. En Hawaii, una pareja que sufría de problemas intestinales pidió a Lin Yun que mirara su casa. Éste vio que el dormitorio no tenía puerta que lo separara del baño. El caño de desagüe del lavatorio en el baño estaba tapado. Lin Yun sugirió que destaparan el caño y que instalaran una puerta, y apenas hicieron estos dos arreglos, los problemas intestinales desaparecieron.

Siete

INTERIORES:
UBICACIÓN DE LOS MUEBLES

Los chinos resuelven miles de problemas de interior, desde formas raras de habitaciones hasta cocinas, oficinas y dormitorios poco prácticos, cambiando muebles de lugar. Los diferentes arreglos ofrecen diferentes impresiones: los muebles juntos crean un ambiente íntimo, un arreglo geométrico parece formal, otras disposiciones se sienten hogareñas. Pero los chinos también modifican sus muebles por otras razones, como por ejemplo armonizar habitaciones desequilibradas y alterar el flujo de chi y, en definitiva, el destino de los residentes.

FORMAS DE DEPARTAMENTOS
Y DE HABITACIONES

Las formas de los departamentos y de las habitaciones siguen las mismas reglas de las casas y de las parcelas. Los cuadrados, rectángulos y círculos son los mejores. Una forma puede implicar un destino innato para los residentes. Las imágenes orientadas a la muerte deben evitarse. Cuando una pareja joven se mudó a un nuevo departamento en Hong Kong consultaron a un experto en feng shui, quien les recomendó que volvieran a mudarse pues las paredes del living-room no eran paralelas, y éste parecía un ataúd. El experto aclaró que, a menos que se mudaran, ellos morirían. La pareja ignoró el consejo y, poco después, su Vokswagen se hundió en un lago y ambos murieron.

En el caso de departamentos con forma rara, los chinos prestan mucha atención a la ubicación de las habitaciones. El dormitorio, la cocina y el comedor deberían estar situados en la parte principal de la casa, y no en un ala proyectada fuera de la puerta principal. Debe evitarse situar dormitorios y cocinas a lo largo del borde de una casa con forma de cuchilla o en la punta de una habitación con forma de bota.

Las habitaciones y los departamentos con forma de bota pueden tender trampas a sus ocupantes y suprimir el chi. En el verano de 1978, los caseros del departamento de Nueva York de Gig Young y su esposa hicieron venir a un experto en feng shui. Cuando éste ingresó en el departamento, recuerda: "Me abrumó una sensación de desastre inminente. Había varios elementos torcidos". No sólo el departamento tenía forma de bota, sino que los dormitorios descansaban en la punta, que se proyectaba fuera de la puerta principal: una

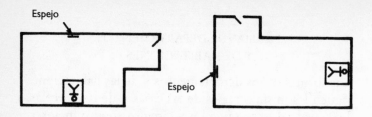

Habitación con forma de cuchillo o de bota: si la cama está contra el borde o en el talón de estas habitaciones, un espejo puede alejar la cama de la pared peligrosa.

situación que alienta la separación en la familia y la ausencia de sus ocupantes. Más aún, la cama misma estaba justo en la punta, cuyo resultado es tener traspiés con el destino y con las oportunidades profesionales. Los caseros movieron la cama del rincón, pero la dejaron frente a la puerta, todavía en la posición incorrecta. Hoy día, ellos atribuyen las curiosas muertes de los Young a la misteriosa obra del mal feng shui.

Con una casa o habitación con forma de cuchilla, una cama, una estufa o un escritorio no deben estar situados en el borde cortante. No obstante, si los muebles son estratégicamente dispuestos en el mango, la parte controladora del cuchillo, los ocupantes tendrán mayor control sobre sus vidas. Por ejemplo, la adecuada manipulación de una habitación en forma de cuchilla puede dar a quienes nunca ganan, ya sea póker o ludo, ventaja sobre sus adversarios. La forma de cuchilla de una habitación de *mah-jongg* en la casa del actor Patrick Tse y su esposa, la actriz Debbie Lee, significa buena suerte para algunos jugadores y mala suerte para otros, según dónde se sienten. La señora Lee explica: "Uno de nuestros amigos siempre gana. Por lo general, se sienta en la silla B. La última vez ganó ocho-

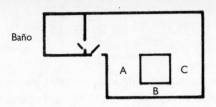

Habitación *mah-jongg*.

cientos dólares. Después se sentó en la silla A y perdió la mitad. En la silla C, perdió más". Al parecer, la silla A es la peor, porque está del lado del filo cortador, inhibe el chi de su ocupante de manera tal que él/ella juega mal. Un antídoto consiste en mover la mesa lejos de la pared que forma el filo. Una garantía de éxito chushr para la señora Lee es entrar en el baño (el mango del cuchillo) y lavarse las manos; así adquiere control ritual de la situación monetaria. Otra estrategia es dejar que la mesa, cama, escritorio o estufa se apoyen contra el filo, y colgar un espejo en la pared opuesta para que el reflejo muestre los muebles lejos del filo.

Los chinos también evitan habitaciones con ángulos raros. Una habitación con un ángulo menor de noventa grados está desequilibrada, con un flujo de chi desigual. Dicho ángulo atrapará el chi, haciendo que el trabajo fracase y cree un callejón sin salida para la suerte. Para remediar este problema, debe instalarse un árbol o planta en flor en ese rincón, para permitir que el chi atraviese la planta, pues ésta otorga vida al chi muerto y lo ayuda a volver a circular.

Dormitorios

Debido a que la mayoría de las personas pasan por lo menos un tercio de sus vidas en la cama, la posición de la cama puede modelar el chi. La primera consideración que hay que tener en cuenta es la yuxtaposición de la cama con respecto a la puerta. Siempre se debe colocar la cama en la esquina opuesta a la puerta del dormitorio, para que quien está acostado pueda ver quién entra. (Los chinos evitan que los pies de la cama apunten a la puerta, pues dicha disposición se asemeja a los ataúdes en las casas mortuorias, evocando así presagios de muerte). Si el arreglo en la esquina opuesta resulta imposible, debe colgarse un espejo para reflejar cualquier intruso que pueda sorprender al ocupante y dispersar su chi. Deben evitarse las vigas en el techo y los rincones en forma de cuchillo, que sobresalen o apuntan hacia la cama. La cabecera siempre debe ser más alta que el pie de la cama.

Las cómodas y armarios grandes, si están ubicados cerca de o junto al pie de la cama, también pueden desequilibrar el chi del ocupante, inhibir los movimientos del cuerpo y perturbar la armonía interna. El efec-

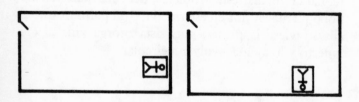

Dormitorio ideal: la cama debería estar en el rincón opuesto a la puerta.

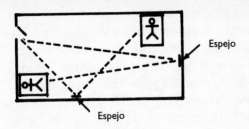

Espejo

Espejo

Si la cama no puede estar en el rincón opuesto a la puerta,
colgar un espejo para reflejar a los intrusos.

to sobre los niños puede ser más grave. Por ejemplo, en una habitación amontonada donde dormían tres hermanas: una cucheta doble y un camastro estrecho, un experto en feng shui preguntó a las niñas: "¿Quién se rompió un brazo hace algunos meses?" Había sido la niña que dormía en el camastro estrecho.

En la habitación del hijo de un periodista occidental, había una cómoda pesada que flanqueaba la cama. El experto en feng shui preguntó si alguien se había roto un brazo en forma reciente. El matrimonio contestó que sí, que el hijo acababa de romperse el brazo, y una semana después, volvió a quebrárselo.

Los chinos creen que la forma de una cama puede afectar un matrimonio. Una cama con esquinas redondeadas puede quitarle el aspecto negativo a un matrimonio inestable. Un colchón grande es mejor que dos de una plaza puestos uno junto al otro. Un periodista norteamericano cobró ánimo cuando un experto en feng shui le dijo que las diferencias con su esposa podían solucionarse si reemplazaba los dos colchones de una plaza por otro de dos plazas. Al deshacerse de la división entre las camas, decía el experto, era posible resolver sus conflictos.

Las camas por lo general deben estar apoyadas contra la pared. De lo contrario, el ocupante se sentirá inestable, sin nada sobre qué apoyarse en la vida.

Durante el embarazo, para evitar abortos, no se debe mover ni limpiar bajo las camas. Según la idea chushr de concepción y nacimiento, el universo está lleno de *ling*, o espíritus. Cada ling posee una característica, y busca la oportunidad de ingresar al vientre materno para dar aliento de vida al feto. Cuando nace el niño, el espíritu será el aliento y el aura (chi) del niño. Estos ling flotan bajo las camas, esperando el momento de ingresar al vientre. Si la mujer está siempre arreglando y limpiando las cosas, el ling puede desparramarse y el feto perderse.

La ubicación de la cama puede ser el resultado de cálculos minuciosos. Puede ser determinada mediante cálculos astrológicos y numerológicos detallados. La cama puede estar ubicada según el ba-gua: una cama que da al norte significa que el trabajo irá bien; si da al noreste traerá inteligencia y aprendizaje; al este significa que la vida familiar será feliz, provechosa y pacífica; al sudeste, traerá fama; al sudoeste significa un buen cónyuge y relaciones maritales felices; al oeste promete fama para las generaciones futuras; al noroeste indica realizar viajes lejanos. Charles Dickens siempre dormía de cara al este, para absorber el flujo cósmico más positivo.

Otros occidentales mistificados se han convencido de utilizar feng shui en sus dormitorios. Una mujer británica, casada con un chino, dice: "Nos mudamos a una casa en Bangkok, que tiene su propio estilo de feng shui, y todo nos fue mal. No podíamos hacer nada pero decíamos: 'Henos aquí, una pareja feliz, y sin embargo no nos ocurre nada feliz': discusiones, peleas, todo iba mal. Así que un experto en feng shui nos di-

174

jo: 'Ah, su cama está en mala posición'. Pero no la cambiamos". Pasaron cinco meses y las cosas fueron de mal en peor. "Entonces, un día, mi marido entró en el dormitorio y movió la cama a una esquina. Fue una experiencia extraordinaria, quizá sólo estuvo en mi imaginación, pero de repente, todo empezó a ir bien".

A veces las habitaciones pueden estar maldecidas con múltiples problemas. El doctor Liang, por ejemplo, que ejerce medicina occidental en Hong Kong, no podía dormir. "Mi cama no es cómoda", decía. "¿La cama tendrá un problema? ¿Debería cambiar el colchón? ¿Será demasiado blanda?". Nada de lo anterior: una viga longitudinal sobre la cama de los Liang les hacía sentir que sucedía algo sobre sus cabezas y los ponía ansiosos. Un experto en feng shui sugirió que colgaran de la viga dos flautas en forma de ba-gua. Además, hay una calle que apunta al edificio y luego da vuelta, dando la apariencia de que ingresa por una ventana, pasa por encima de la cama y sale por la otra ventana. El doctor Liang preguntó: "¿Debo mantener las ventanas cerradas?" Para dispersar el chi de la calle perturbadora, el experto en feng shui sugirió que colgaran carillones en el centro de la habitación.

Living-rooms

Los living-rooms son menos complicados, pues son habitaciones para recibir invitados. No obstante, deben estar bien iluminados, ser grandes y no tener males de feng shui tales como vigas, rincones con formas y ángulos raros, ni tres ventanas o puertas en hilera. La silla favorita del anfitrión debe estar frente a la entrada.

Los living-rooms deben contener ciertas formas, cuadros y adminículos imbuidos de poderes simbólicos, con los cuales el residente se identifica, como por ejemplo alfombras con forma ba-gua o mesas redondeadas. Chu Mu no tuvo restricciones en su departamento. No sólo los bordes de las esquinas y de la cama son redondeados, sino también el escritorio, la mesa de comedor, la escalera y el sofá, incluso una puerta en forma de luna que, según él, es capaz de prevenir desastres. "La decoración redondeada para los occidentales puede ser diseño de interiores, pero para los chinos es también feng shui", explica el señor Chu. "Si hay prosperidad, podría irse por la puerta principal. Así, la riqueza circula por toda la casa".

Las casas, restaurantes y tiendas chinas también cuelgan acuarelas de flores y plantas, como las peonías, que simbolizan paz y larga vida.

En el departamento de Chu Mu, su living-room está repleto de parafernalia para la buena suerte. Hay un panteón formado por budas sonrientes y gordos, para mejorar el flujo de chi por todo el departamento y para atraer la riqueza; una torre Eiffel y un vaso lleno de conchas marinas para asegurar viajes a sitios lejanos y para que sus películas se distribuyan por todo el mundo; un cuchillo formado con antiguas monedas chinas, unidas con cuerda roja, para proteger al señor Chu de la mala suerte, y un trío de sabios taoístas de marfil para atraer suerte, fama y dinero.

COCINA: DE CASA Y DE RESTAURANTE

Los chinos prestan mucha atención a la cocina, en especial a la ubicación del horno y del calentador de arroz. Los hornos son fuentes simbólicas de suerte, pues la comida se cocina allí. (La palabra china para designar comida, *tsai*, suena igual que la que designa riqueza). Además, la comida afecta la salud, las emociones y la conducta; por ello la satisfacción gastronómica es crucial. Dice Lin Yun: "De nuestra comida proviene la salud y la eficiencia. Si está bien preparada y es de buena calidad, nos irá bien en el mundo y ganaremos más dinero para comprar mejor comida". No obstante, dicho ciclo comida-dinero puede tomar el sentido contrario. "Si una persona es pobre, come peor, y le va muy mal en la vida. Su desempeño puede ser tan pobre que finalmente lo despiden de su trabajo". Los chinos no son los únicos con este modo de pensar. Como escribió Virginia Woolf después de una comida poco satisfactoria: "No se puede pensar bien, amar bien ni dormir bien, si no se ha comido bien. La luz del espíritu no se enciende con carne y aceitunas[1]".

El horno no debería estar en un sitio reducido, pues inhibe el chi de la cocinera, sino que debería darle lugar para trabajar. De lo contrario, ésta podría golpearse el codo a cada rato, desequilibrando su chi. En este caso, los espejos por lo general extienden visualmente el espacio.

Encima del horno, muchos chinos cuelgan un cuadro del dios de la cocina, que vigila la familia y el hogar. Una suerte de espía del cielo, cada Año Nuevo este dios hace un viaje al cielo para dar un informe sobre la familia. Antes de que parta, se lo soborna con dádivas de comida y su boca es embadurnada con miel, para que sólo diga cosas agradables de la familia.

Otros peligros en la cocina son los ángulos que apuntan peligrosamente al cocinero. En este caso, debe colgarse un espejo o algo que crezca, como una enredadera, para suavizar el filo.

1. Virginia Woolf: *A Room of One's Own.* Nueva York, Harcourt, Brace & World, 1957, pág. 18.

El mejor sitio para el horno es donde el cocinero puede ver a todo aquel que entra en la cocina. Así, la interacción es suave. Si el cocinero no está frente a la puerta, la salud, la riqueza y la armonía doméstica sufrirán. Las sorpresas dispersan el chi del cocinero o la cocinera, lo ponen nervioso, por consiguiente la comida resulta decepcionante y eso afecta a toda la familia. "Tiene sentido", comenta un empleado del Departamento de Estado Chino-Norteamericano. "El esposo llega a la casa y sorprende a la esposa en la cocina; ella puede gritarle y así producirse una pelea sin sentido". Una precaución consiste en colgar un espejo sobre el horno, para que la cocinera pueda ver —al estilo de Annie Oakley— a cualquier intruso, o colgar una campana o carillón cerca de la puerta, para que antes de que entre la visita, éstos suenen.

Lo anterior es muy importante especialmente en los restaurantes. Si el chef se sorprende, se desata una reacción nerviosa en cadena, que afecta todo: el desempeño de aquél, la actitud de los mozos y la satisfacción del cliente. Si la circulación de chi es suave, mejora la calidad de los platos y la cantidad de trabajo. (No obstante, en un restaurante de Nueva York el chef se negó a que le colgaran un espejo encima del horno porque, según él, le causaba mareos).

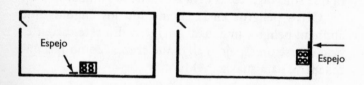

Sitios para horno: en la cocina, evitar que la espalda del cocinero dé a la puerta. Colgar un espejo para reflejar a los intrusos.

En todo Asia y los Estados Unidos, los restaurantes chinos utilizan el feng shui. Algunos de los restaurantes chinos más distinguidos de la ciudad de Nueva York: David K's, Hunam, Peng's, por mencionar algunos, han sido escrutados y santificados por un experto en feng shui. La intención es tanto culinaria como orientada a los negocios. En 1978, uno de los socios de Peking Park, Lawrence Chow, envió a Lin Yun a un viaje de ida y vuelta Hong Kong-Nueva York, para investigar el feng shui de su restaurante. No sólo el negocio no era próspero, sino que Mimi Sheraton, crítica gastronómica del *New York Times*, le otorgó una estrella. "No lo entiendo. Tenemos chefs de primera línea", objetó el señor Chow. Con la esperanza de quebrar la mala racha de su restaurante, el señor Chow invitó a un experto en feng shui, quien detectó que el problema del restaurante radicaba en la posición de la caja registradora. La acercaron a la puerta a fin de mejorar el flujo de dinero. Menos de un año después, Gael Greene otorgó al restaurante dos estrellas en la revista *New York*.

El flujo de chi afecta el negocio de un restaurante. Una regla de feng shui es crear una buena atmósfera para los clientes: los ángulos, por ejemplo, maltratan a los clientes y causan obstáculos financieros a los propietarios. En House of Hunan, en Washington, su propietario, Johnny Kao, cubrió una hilera de columnas cuadradas con espejos para permitir la circulación del chi en forma pareja y para disminuir el efecto hostil de los ángulos de las columnas. Asimismo hizo redondear los bordes de las barras.

En general, la caja registradora debe estar opuesta a la entrada, para que la caja enfrente a los clientes. Debe instalarse un espejo para garantizar el flujo de trabajo y de dinero.

Los restaurantes pueden beneficiarse de la decoración simbólica. Muchos restaurantes chinos eligen la mezcla auspiciosa de rojo y dorado, que simbolizan buena suerte y fortuna. Las paredes están festoneadas con cuadros de sabios y dioses taoístas, flores y paisajes: imágenes todas que connotan longevidad, paz y prosperidad. A veces se resaltan las palabras en letras doradas sobre fondo rojo: "doble felicidad", "larga vida" y "prosperidad". Otros simbolismos pueden ser más sutiles: estanques con peces, que significan dinero, o plantas, cuyo significado es chi creciente. En un famoso bar sushi de Nueva York, Lin Yun advirtió que la atractiva decoración de cañas de bambú huecas dispuestas verticalmente contribuían a la prosperidad del restaurante. "Como flautas gigantes, canalizan hacia arriba el chi y lo activan". En Nueva York, David Keh, propietario de David K's, agregó a su local numerosos estanques con peces para mejorar el chi y fomentar aún más el negocio.

TIENDAS

Los dueños de tiendas en Asia y los Estados Unidos también utilizan el feng shui. Algunas tiendas cuentan con altares pequeños con cuadros del dios de la riqueza. El Banco de Hong Kong y Shangai hizo pintar un dios de la riqueza en el piso alto de su antiguo local. En Sunnyside, Queens, Julie Wu invitó a un experto en feng shui para que revisara la tintorería que acababa de comprar. Ella explica: "Durante veintiocho años los dueños anteriores no fueron prósperos". Los problemas radicaban en una puerta oblicua y en la posición de la caja registradora. Después de colgar un espejo detrás de la registradora y un carillón cerca de la puerta y de poner plantas junto a la puerta oblicua y en los rincones, el negocio mejoró.

Las tiendas también siguen las reglas domésticas del feng shui. La propietaria de una joyería en Hong Kong colgó una enredadera plástica sobre un rincón peligrosamente filoso de su tienda tanto para suavizarlo como para producir chi.

Las plantas de plástico o seda y los cuadros de plantas también mejoran el ambiente y el negocio. Al ingresar en Saks Fifth Avenue, en Nueva York, Lin Yun comentó que una serie de árboles falsos que parecían crecer de los mostradores aumentaba las ventas de este lugar. "Los árboles dan la sensación de primavera, cuando todo florece", dijo. Así, la tienda crecerá y será próspera". Agregó que también elevaban y contribuían al chi del lugar, haciendo que la gente corriera a comprar allí.

ESTUDIOS Y OFICINAS

En los estudios, los escritorios deben situarse en el rincón opuesto a la puerta, con el ocupante de cara a ella. Si se prefiere tener una vista inspiradora, con lo cual resulta imposible quedar de cara a la puerta, puede colgarse un espejo sobre el escritorio, de manera tal que refleje la presencia de cualquier intruso. En Hong Kong, un periodista pensó que su trabajo mejoraría si colgaba un espejo arriba de su escritorio, que daba al Mar Meridional de la China: además de absorber el chi del agua del exterior, su propio chi no sería lastimado por asustarse, y así podría conservar el hilo de sus pensamientos.

Si dos personas tienen que trabajar en una misma habitación, como en el caso de los académicos C.C.

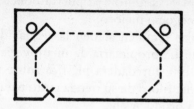

Dos escritorios en un estudio forman un símbolo ba-gua.

Lee y su esposa, los escritorios pueden situarse de manera tal de crear una forma ba-gua con la pared. Una planta y una lámpara brillante detrás de los escritorios pueden crear un aura para mejorar el chi.

Después de la casa, la disposición de una oficina es la más esencial para determinar la fortuna de una persona. En todo Asia, muchos comercios, tanto chinos como expatriados, contratan a expertos en feng shui para revisar sus locales. Entre ellos: Chase Asia, American Chamber of Commerce (Amcham), Citibank, el *Asian Wall Street Journal*, Jardines, etcétera. Se sabe que algunas empresas multinacionales instalan el escritorio de cada empleado de manera auspiciosa, según la astrología, para alentar una mayor productividad y prosperidad. Cuando el *Far Eastern Economics Review* se mudó a una oficina nueva, se contrataron los servicios de un experto en feng shui. Éste anunció que tres escritorios estaban ubicados desfavorablemente. Derek Davies, editor gerente del *Review*, escribe:

El escritorio de la recepcionista, Helen Tung, quien desde la mudanza se sentía desubicada, fue dado vuelta y adornado con un signo de "buena suerte". De inmediato recuperó el ánimo. El editor de "Focus", Donald Wise, quien nunca se enfermaba pero que desde la mudanza había sufrido pleuresía y gota (¡dos veces!), empujó su escritorio hasta el otro lado del piso editorial, y también se recuperó. Otros escritorios con vista al este, al sur o al noreste fueron adornados con caballos rojos de porcelana o floreros de mármol negro, llenos de agua pero sin flores. Por mi parte, di vuelta mi escritorio, con vista al sur, quince grados en el sentido de las agujas del reloj[2].

Lo primero que hay que tener en cuenta en cualquier oficina es el escritorio del gerente. Aplicando la teoría de que el destino de un país es regido por el feng shui del palacio del emperador, en especial el de su trono, los chinos creen que la suerte de una empresa yace en el buen emplazamiento de su presidente o gerente. Algunos residentes de Hong Kong aseguran que Jardines tuvo problemas cuando asumió un nuevo director pero no hizo adaptar su oficina por un experto en feng shui.

El gerente debe instalarse en la posición de mayor poder, a fin de hacer valer su autoridad sobre los empleados. La autoridad por lo general es emitida desde el rincón de la oficina más lejano a la entrada. La disposición de las oficinas norteamericanas también coincide con los dictados del feng shui. En *Power!*, Michael Korda escribe: "En general, las oficinas se basan en un sistema de poder de rincón, y no central... cuanto más cerca se está del centro, menos poderoso se es[3]". No obstante, en el feng shui no cualquier rincón sirve. El gerente de Lee Travel Service en Kow-

2. *Far Eastern Economics Review* (Febrero 2, 1979), pág. 27.
3. Michael Korda. *Power!* Nueva York, Random House, 1975, pág. 75.

loon, Frank Kwok, mudó su oficina del ala norte a la sur, donde había una antigua sala de conferencias, para poder sentarse en una posición adecuada a su rango. Su subjefa se mudó a su antigua oficina, e hizo derribar una pared para poder ver a los empleados de la habitación adyacente.

Las oficinas a menudo siguen las reglas de los departamentos: evitan los rincones en forma de cuchillo, las vigas, las columnas, las pasillos largos y oscuros. Las oficinas situadas a lo largo de un pasillo largo, en la boca del dragón, no son deseables. En tal caso, deben alejarse los escritorios de la boca del dragón e instalar un pantalla para repeler el chi fuerte. A veces, las pantallas pueden tapar la corrupción interna. Un gerente de construcción de Taiwan agregó un espejo a la pantalla; así desalentaba simbólicamente a sus empleados de participar de un doble juego a sus espaldas.

Los escritorios deben estar ubicados en el rincón opuesto a las puertas. Como explica Michael Korda: "Incluso entre la élite ejecutiva más alta y protegida, es común que el escritorio esté situado de manera tal que su ocupante pueda levantar la mirada y ver la puerta, no tanto por cortesía sino porque a nadie le gusta que lo tomen desprevenido[4]".

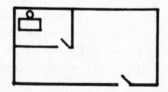

Oficina y asiento ideal para gerente.

4. *Ibid.*, pág. 79.

Desde el punto de vista del feng shui, una interrupción en el trabajo desequilibra el chi, haciendo que la persona se ponga nerviosa, irritable, y se distraiga, perjudicando así su trabajo. Robert Upton, director regional asistente de los Nuevos Territorios, comenta: "Cuando me mudé a mi oficina, me sentaba con la espalda a la puerta". Ahora lo hace desde donde puede ver a todo el que entra. "Me dicen que eso me otorga 'chi asesino', de modo que estoy mejor equipado para manejar problemas, y de hecho, las cosas *son* mucho mejores". (Esta posición es fortalecida por un espejo ba-gua colgado sobre su ventana, que repele las fuerzas malignas del cuartel de policía adyacente). Sin embargo hay excepciones: su jefe, David Akers-Jones, está muy satisfecho con oficiar desde una silla elegida por un experto en feng shui: con la espalda a la puerta.

Todas las oficinas deberían tener puertas. Un puerta ventana es una desventaja: cualquiera que entra puede ver primero al ocupante, lo cual lo pone a la defensiva. Si un escritorio no puede situarse en el rincón opuesto a la puerta, debe colgarse un espejo que refleje a todo el que entra. (Algunas personas llevan demasiado lejos la búsqueda simbólica de superioridad; usan sillas altas y dejan las bajas para las visitas. Muchas negociaciones se han perdido porque un visitante cometió el error de sentarse en un sofá mullido y hundido).

En Hong Kong proliferan las anécdotas sobre expertos en feng shui que detectaron asientos "embrujados" donde su ocupante murió o fracasó. Un caso así ocurrió en el estudio de arquitectura de Eric Cumine. "Hice venir a un experto en feng shui antes de las horas de oficina. Dijo que había un asiento muy malo, con mala suerte". Al señor Cumine le pareció asombroso, pues el último ocupante de ese asiento, su hijo, había muerto hacía sólo dos meses. (El ocupante siguiente de esa silla no creía en el feng shui, incluso después de que su tía y hermana tuvieron una muerte repentina). El geomántico señaló dos sillas y dijo que nunca estaban "calientes". De hecho, eran las sillas de los practicantes, que permanecían con la firma sólo un año, y después renunciaban para trabajar con la oficina de planificación del gobierno o con otra empresa. El señor Cumine advirtió que él y su socio tenían los mejores asientos, como debe ser.

Sin embargo, a veces el feng shui es una excusa conveniente para tener malos negocios. El hijo de un productor de filmes chino comentó que su padre siempre culpaba los fracasos de taquilla al mal feng shui, y los créditos a su propio talento. Un hombre que trabajaba para el Chase Asia culpaba al feng shui por su mal desempeño laboral. Cuando el Banco se negó a reubicar su escritorio, renunció en protesta, aunque algunos dicen que de todos modos iba a ser despedido.

Algunos empresarios siguen el consejo de su experto en feng shui al pie de la letra, a veces para peor. A un empresario expatriado, casado con una mujer china, le iba muy bien financieramente, y por lo tanto respetaba mucho a su geomántico. Cierto día éste escuchó que la esposa le preguntaba a su cliente: "¿Por qué siempre sigues los consejos de ese hombre? Eres europeo; ¡yo soy china y no creo en todas esas tonterías!". Entonces, cuando el marido volvió a consultar al geomántico, éste le aconsejó: "Usted es un hombre con mucha suerte. Tiene mucho dinero y buenos negocios. Sin embargo, podría ser el doble de rico. Pero hay un obstáculo en su camino: su esposa. Para cumplir con su gran destino debe enviarla lejos seis meses por año". Entonces la esposa, contra su voluntad, fue despachada a participar en safaris, viajes y compras extravagantes durante la mitad del año. Y durante un tiempo el esposo prosperó. Pero finalmente su suerte, y demás está decir también su matrimonio, fracasó.

A veces, las maniobras de feng shui en las oficinas pueden dar lugar a una política tensa. Cuando Unicom, el servicio cablegráfico de United Press International, instaló oficinas en Hong Kong, su gerente norteamericano contrató a un experto en feng shui. Éste dijo que en la oficina que Unicom compartía con UPI, una empresa llena de problemas: un editor se había roto el brazo, otros tenían problemas matrimoniales, la gente renunciaba, otros se enfermaban, el chi malo provenía de la oficina del jefe interino. Para evitarlo, el gerente colgó un espejo grande que ocasionó más problemas: las operadoras de teletipo chinas aseguraban que los espíritus malignos se reflejaban en su dirección, y colgaron tres espejos octogonales reforzados con horquetas maléficas dirigidas a Unicom. Haciendo valer el rango, el gerente insistió en que los espejos de las empleadas chinas debían ser eliminados.

Ocho

LOS ESPÍRITUS DE LA CASA

Mudarse a una casa o a una oficina equivale a ponerse los zapatos del dueño anterior. Una casa deseable es aquella en la que el ocupante anterior prosperó y fue feliz. Aún mejor es una casa donde la suerte de la familia fue tan buena que se mudaron a un lugar más grande y lujoso. En casos tan afortunados, los expertos en feng shui afirman que los siguientes residentes pueden seguir sus pasos, acoplando su suerte con la de su predecesor. Con frecuencia, los nuevos residentes repiten la experiencia de los ocupantes anteriores dos o tres años después.

Este destino de traspaso tiene sus escollos evidentes: un ocupante anterior puede haber muerto, haberse divorciado, perdido dinero o discutido con su familia. Y las resonancias de tales experiencias pueden quedar impregnadas y afectar al nuevo ocupante.

Al mudarse a una casa u oficina, los chinos investigan su pasado: quién vivió allí y qué le sucedió. Un sorprendido agente de bienes raíces de Nueva York comentó que algunos clientes chinos se interesaban mucho por la historia de las casas y que, para estar seguros, evitaban las casas viejas, donde era mayor la posibilidad de una muerte en familias anteriores. (De hecho, como un molde de galletitas, un mal feng shui interior: un baño mal situado, un rincón en forma de flecha o un pasillo ventoso, pueden recrear los problemas).

En estos casos, suele consultarse a un experto en feng shui o a un sacerdote budista. Se supone que tales expertos están dotados de una percepción que les permite saber sobre los dueños y hechos anteriores. Además de ofrecer consejos prácticos: ubicación de muebles, alineación de puertas y ventanas, orientación, que bien pueden tener una base científica, exploran un aspecto intangible adicional: el espíritu de la casa. Esta dimensión es más difícil de definir y de probar que el efecto de una viga opresora; se refiere a realidades no demostrables, tales como las sensaciones que perciben las personas en una casa.

CONSAGRACIÓN DE UNA CASA

Cualquier vivienda o edificio, sea éste viejo o nuevo, bien situado o no, requiere una ceremonia de mudanza, una consagración. Se convoca a un sacerdote de feng shui para llevar a cabo, con la ayuda de incienso y cánticos, los primeros ritos de la empresa, casa o tienda. La consagración sirve tanto como cura para problemas, desde finanzas pobres hasta mala arquitectura, como también para repeler ritualmente los males y espíritus malignos potenciales. A veces estas ceremonias sirven para atraer clientes, pues hacen saber que una empresa abre sus puertas. El Banco de Hong Kong y Shangai organiza Danzas del Dragón cuando abre una nueva sucursal, incluso en el World Trade Center en Nueva York. Un funcionario del banco comenta: "¿Quiénes somos nosotros para espantarnos de la superstición?".

La consagración de casas data de la dinastía Shang, cuando se sacrificaban perros, seres humanos y vacas y se los colocaba bajo un santuario o una estela para proteger espiritualmente una casa, una aldea o un palacio.

Un ejemplo moderno es el del edificio del Chase Asia. Durante años, los bromistas en Hong Kong aseguraban que el Chase Asia, brazo bancario mercantil del Chase Manhattan Bank, tenía mucho menos éxito en sus transacciones financieras que su rival, el Citibank, debido al feng shui. El edificio del Citibank está muy bien situado, en la confluencia de dos calles. Al principio la gente atribuía los problemas del Chase al antiguo edificio del Chase Asia, no sólo por estar ubicado sobre una tierra antiguamente infestada de malaria y tener un cementerio como vecino, sino también por las ventanas hexagonales del edificio, que tienen un gran parecido con ataúdes. En 1978 la compañía se mudó a un nuevo edificio. (No se conoce el motivo exacto de la mudanza, pero algunos vecinos sospechan razones de feng shui).

No obstante, los problemas del Chase fueron en aumento. El edificio nunca había sido consagrado por un sacerdote adecuado. Después de perder cuatro negociaciones importantes consecutivas y a un ejecutivo principal en un accidente aéreo, el Chase Asia contrató a un experto en feng shui. Según éste, los puntos de problema estaban en la oficina del director ejecutivo y en la del gerente. Se dice que el director hizo el siguiente comentario sobre la solución: "No importa. Significa que tengo flores rojas sobre mi escritorio todos los días para espantar a los demonios". ¿Y el otro gerente? "Él recibió peces de colores. No dejan de morirse, pero se supone que mantienen ocupados a los demonios". El hecho de que la compañía ha sido próspera a partir de ese momento es "pura coincidencia".

Ni siquiera Dow Chemical se protege contra pérdidas, según lo informa UPI:

En Dow Chemical, un experto en feng shui realizó la ceremonia de apertura de una planta durante una semana de lluvias torrenciales. Un diluvio inminente se contuvo hasta después de la ceremonia al aire libre para 300 invitados. El ejecutivo que organizó el evento, Dean Wakefield, director de comunicaciones de márketing, recibió felicitaciones de los ejecutivos chinos, no por evitar que los dignatarios se empaparan sino por el diluvio que cayó después. La lluvia significaba que "el dinero no puede esperar a caer sobre ustedes". El señor Wakefield asegura que la empresa ha tenido éxito más allá de las expectativas de la compañía[5].

Un método de feng shui del Gorro Negro para el estreno místico de una casa, a fin de establecer la propiedad y de afianzar el derecho al espacio del departamento, consiste en colocar nueve cáscaras de naranja, limón o lima en un bol o cubo. Luego se debe llenar el recipiente con agua, salpicar el agua cítrica en todos los pisos (donde hay alfombra de pared a pared puede uti-

---

5. Suzanne Green, United Press International, Septiembre de 1977.

lizarse un atomizador) y limpiar el sitio de chi malo y espíritus malignos. (Un chino educado en Occidente comentó que cada vez que se muda a un departamento nuevo, enciende la radio a todo volumen, como para afirmar: "Espíritus, ya estoy aquí, ya pueden irse"). El primer día de mudanza, se debe tomar una flauta, que simboliza la espada, y un florero, que simboliza paz y seguridad, con una cinta roja atada al cuello y se debe entrar en la casa con estos elementos en la mano. Caminar por cada habitación para establecer la presencia.

Deberían utilizarse petardos en toda la casa, en especial en la puerta principal. (Cuando un miembro de la familia muere, su hijo explota petardos en la entrada para espantar el fantasma del fallecido).

Después de mudarse a una casa nueva, debe evitarse dormir sobre una cama vieja. No obstante, si esto resulta imposible, se deben comprar sábanas y cobertores nuevos para otorgarle una sensación de frescura en el nuevo inicio.

A medida que pasa el tiempo, también cambia el feng shui de una casa. Depende de cómo fluctúan los patrones de chi. A veces el chi de una casa puede volverse más auspicioso o echarse a perder. Como en el concepto chino del universo, también varía el chi de una casa. Aunque cien años atrás una casa haya poseído buen chi, la fluctuación constante de las corrientes universales, los acontecimientos externos y el desarrollo y explotación de los recursos ambientales pueden inhibir la fuerza y el flujo del chi, y la suerte de la familia puede decaer.

Lucy Lo, una instructora de cocina y filántropa de Hong Kong, explica: "Hace cerca de diez años, hubo muchas muertes en mi familia. Después de la primera, no lo advertí. Después mi madre murió, luego mi hermano. Empecé a ponerme nerviosa cuando se produjo la cuarta muerte". Entonces consultó al experto en feng shui de la familia, quien dijo: "Su casa ya ha tenido cincuenta años de buena suerte, a partir de ahora la suerte se acabó", y le aconsejó mudarse.

Al principio la señora Lo no le creyó y no se mudó. "Pero entonces falleció mi suegro, el último de la vieja generación. Los jóvenes decidieron mudarse. Así que también me mudé".

El temor a los fantasmas es un factor relacionado con el feng shui de una casa. Los chinos creen en un mundo paralelo donde existen los espíritus, lado a lado con los seres vivos. Los fantasmas chinos tienen poder sobre los vivos; varios festivales, como el de la limpieza de tumbas o el festival de los fantasmas hambrientos, están dedicados a mantenerlos satisfechos y sin problemas. Aquellos sitios donde se sabe que los japoneses pusieron en prisión, torturaron o mataron gente han adquirido el estigma de mal feng shui. Aunque la ceremonia de Tun Fu, aplacadora de espíritus, se limita en su mayor parte a las áreas rurales, este extraño exorcismo todavía se realiza en sectores más desarrollados. En Indonesia, cuando una empresa norteamericana sufrió una serie de reveses financieros, los funcionarios locales de la compañía insistieron en que la fábrica estaba embrujada. Sin embargo, después de que los norteamericanos accedieron a sacrificar un cordero y lo asaron en la escalinata de la planta, se hizo evidente que el problema no eran tanto los fantasmas como el dinero que se robaban los empleados.

Algunos chinos creen que el gobierno de Hong Kong no es inmune a los "fantasmas". En 1974, la playa de estacionamiento de autos de Murray Road fue escenario de un rito exorcista financiado por el Departamento de Transporte de la colonia. La casa matriz del organismo iba a tener sus oficinas arriba de la playa de estacionamiento. El edificio, según los obreros, descansaba sobre un sitio donde los japoneses torturaban gente durante la Segunda Guerra Mundial. Treinta años más tarde, un desfile de setenta sacerdotes budistas, canturreando y quemando incienso, pacificó a los espíritus. Según lo publicado en el *South China Morning Post*, el reverendo Koh Kwang, presidente de la Asociación Budista, manifestó: "El servicio no sólo servirá para pacificar los espíritus, sino también para extender su bendición a la buena operación del transporte sin que ocurran accidentes graves".

El temor a los lugares con fantasmas suele afectar el precio de las casas y de los alquileres. En una zona hermosa de Singapur, conocida como centro de torturas durante la Segunda Guerra Mundial, puede alquilarse una casa grande por setecientos cincuenta dólares por mes. Sólo los occidentales se atreven a vivir allí. Propiedades de primer nivel y bellas casas antiguas en la atestada Hong Kong, donde el espacio es un bien preciado, son dejadas de lado debido a los fantasmas o simplemente porque tienen mal feng shui. Los compradores potenciales se acercan tentados por los precios bajos, pero por lo general lo piensan dos veces si la casa posee mal feng shui o fantasmas.

En la isla de Hong Kong, una mansión antigua situada sobre terrenos costosos permaneció abandonada durante años. La historia: poco después de que un *amah* se ahogó en una bañera, los residentes comenzaron a oír ruidos extraños, una silla empezó a moverse por voluntad propia, y diversos objetos eran movidos misteriosamente durante la noche. La familia se mudó. Finalmente la casa fue comprada por el PRC pero, según afirman los vecinos, incluso ellos llamaron a un exorcista. Sin embargo, pese a este gesto, las *amahs* sólo quieren trabajar mientras haya luz del día.

Nueve

CONCLUSIÓN

El feng shui abarca una vasta área de empeño humano.
Además de dirigir los destinos de países, familias e individuos, se ocupa de los detalles de la vida cotidiana.
En este nivel, el feng shui puede ser altamente perso-
nalizado, según las necesidades, los deseos y los crite-
rios individuales. Puede tratar sobre nombres, astrología, números y un concepto llamado los cinco elementos (véase el Anexo 5). Cuando los arreglos en la casa
y la oficina no resultan suficientes, suelen requerirse
las curas místicas del chu-shr: en Nueva York, un joven escritor colocó su manuscrito sobre un armario alto para asegurarse un contrato editorial; el dueño de
un famoso restaurante chino de Nueva York agitó su
caja registradora llena de dinero, para fomentar toda-

vía más trabajo. Un empleado de banco frotó una mezcla de vino y un polvo herbáceo chino sobre la planta de su pie para curar el hígado. Hasta el ex vicepresidente Spiro Agnew fue visto en compañía de un experto en feng shui, presumiblemente para buscar consejo. Las curas de chu-shr se cuentan por miles. Su potencia proviene de ser transmitidas por tradición oral, recién después de habérsele entregado un paquete rojo de "dinero afortunado" al experto en feng shui. Para conservar los poderes místicos de la cura, el "cliente" no debe revelar detalles de la cura hasta que se alcanza el éxito. Cualquier "filtración" o revelación disminuyen el poder de la cura.

El feng shui sigue siendo un misterio. A veces puede compararse a las ideas modernas de física, profecías producto de los propios deseos, medicina e incluso el buen diseño. Sin embargo, en otros casos, las explicaciones lógicas no bastan. Con su característica irracionalidad, Lin Yun asegura que en el feng shui, el ru-shr garantiza, en el mejor de los casos, un diez por ciento de éxito, mientras que el resultado del chu-shr trascendental puede alcanzar un ciento veinte por ciento de los éxitos. Por ejemplo, si una pareja está envuelta en una crisis matrimonial, el consejo normal es mostrar respeto, ser pacientes y tener más cariño y consideración el uno por el otro. Eso es ru-shr: lo razonable, lógico y fácil de aceptar. Pero por más voluntad que la gente ponga para ser considerada y que las cosas funcionen, los resultados son sólo de un diez por ciento de efectividad. Utilizando el chu-shr, la pareja podría dar vuelta o adaptar su cama un poco. Aunque parezca ilógico e irracional, un mero acto de fe, el impacto será mucho mayor que el resultado del ru-shr.

Con un enfoque tanto sensible como inteligente, el feng shui del Gorro Negro abarca el ru-shr, perteneciente a este mundo, racional y lógico, y chu-shr, tras-cendente, irracional e ilógico. En forma similar al ru-shr, el feng shui incluye todo aquello que está dentro del espectro de nuestra experiencia y conocimiento: los descubrimientos y hechos científicos y los actos comprendidos. Y al igual que el chu-shr, el feng shui también abarca la gran expansión que se encuentra fuera de nuestro mundo conocido: lo que todavía está por suceder, ser descubierto, comprendido o visto.

Anexo 1

LA CEREMONIA DE TUN FU

Detalles de la ceremonia de Tun Fu realizada en la aldea Pak Wai el 17 de enero de 1960, relatados por G.C.W. Grout, funcionario del gobierno de los Nuevos Territorios. El nombre del geomántico era Cheung Yuen Chong, originario de la provincia de Kwangsi.

"Comenzó colocando el incienso, las tazas, el recipiente con arroz y el paquete rojo sobre una mesa... El incienso fue encendido y el agua colocada en el recipiente de arroz. Entonces se encendieron dos trozos de pebete perfumado, que se colocaron en el recipiente con agua y arroz, junto con el clavo. Entonces el geomántico tomó uno de los trozos de bambú húmedo, lo pasó sobre el incienso humeante y escribió ciertas inscripciones secretas en él, copiando del libro, y volvió a pasar el trozo de bambú por el incienso, con la parte escrita hacia abajo.

"Lo anterior fue repetido para cada trozo de bambú. Después el paño rojo fue cortado en franjas y atado con hilo rojo, y hojuelas doradas puestas en la parte superior de los bambúes inscriptos. Las inscripciones parecían ser de a dos: tres fragmentos con diferentes escritos en la parte derecha y otros tres a la izquierda, escritos de manera similar.

"Después de hecho esto, se vertió vino en tres tazas y té en las otras tres, las velas fueron encendidas; el geomántico asumió su posición en la cabecera de la mesa y comenzó sus conjuros.

"Después de unos cinco minutos de oraciones, asió el pollo vivo de la cabeza con la mano izquierda, y tomando el clavo del recipiente de arroz, lo hundió en el ojo del gallo. Ante el impacto, el pollo casi se soltó, luchando con tanta fuerza que el geomántico debió apretar más y empujar el clavo más profundo en el ojo del gallo. Con un ruido crujiente perforó con el clavo la cabeza del gallo y lo sacó por el otro ojo. En ese momento, el gallo dejó de luchar y se quedó laxo, como muerto.

"Todavía sosteniendo el gallo con el clavo atravesándole la cabeza en la mano izquierda, ordenó al R.A. [representante de la aldea] y a su asistente que colocaran los bambúes en los dos potes con arena, tres en cada pote, junto con una taza de té. Roció un poco de sangre de los ojos del gallo sobre los bambúes y después colgó el gallo de un árbol, suspendido del clavo que le atravesaba los ojos. Entonces se quemó pebete perfumado bajo el árbol, se echó vino sobre el piso frente al árbol, y se explotaron petardos.

"Entonces el geomántico sacó el gallo del árbol y se dispararon más petardos. Sosteniéndolo con la mano izquierda, extrajo el clavo con la derecha, y puso con su dedo un poco de agua del recipiente con arroz en los ojos ciegos del gallo. Otra vez se explotaron petardos. El gallo desmayado fue puesto en el piso y el geomántico se llenó la boca con agua del recipiente de arroz, y sopló sobre el gallo dos veces, golpeándolo en la cola al mismo tiempo. Sorprendentemente, el gallo se levantó y empezó a tambalearse, sin saber adónde ir, pues todavía estaba aturdido y no podía ver.

"Entonces uno de los potes con tres bambúes fue tomado por el R.A. siguiendo las instrucciones del geomántico. Ambos lo llevaron hasta el final de la aldea y lo colocaron bajo un árbol elegido por el geomántico. Allí el asistente se acercó con un pico y empezó a cavar en la ladera de la colina detrás de la aldea a intervalos de tres metros. Entonces el otro pote con los otros tres bambúes fue llevado al otro extremo de la aldea y situado de manera similar.

"Por último, el geomántico declaró que el trabajo podía comenzar dentro de tres días y anunció que la ceremonia había concluido".

"P.D.: El R.A. vino a nuestra oficina dos días después y yo le pregunté por el gallo. Él respondió que estaba muy sano y que podía ver. Le dije que no le creía, de modo que pedí ver a la víctima esa tarde. El hombre se echó a reír y explicó que el clavo había sido hundido en la órbita del ojo, de tal manera que no había tocado el ojo. Pero yo insistí e hice arreglos para verlo esa tarde. Parecía muy sano y aparentemente era el mismo. Al mirarlo más de cerca me di cuenta de que un ojo era ciego. Parecía que el geomántico había fallado un poco".

Anexo 2

LOS NOMBRES

Como dijo una vez Shakespeare: "¿Qué hay en un nombre?". Muchas cosas, a juzgar por la opinión de gran cantidad de chinos. Ellos atribuyen mucho significado a las imágenes literales e implícitas de los nombres con que designan a los lugares. Por supuesto, ponían nombres a las colinas y a las montañas según sus formas. Pero los nombres pueden cambiarse, tanto como el hombre transforma su paisaje. Había un lugar en Hong Kong que solía llamarse "Cabeza de Dragón Verde" debido a que el paisaje se parecía a un dragón. Cerca de cien años atrás, cuenta la historia, un granjero descubrió un par de rocas redondas, como de cristal, enterradas bajo la tierra. Las desenterró y comenzó a salir profusamente un líquido amarillo. Los locales dicen que el granjero había ofendido el feng shui del lugar. Poco después, el granjero cayó enfermo y murió. A partir de entonces, los locales se refieren a esa zona con otro nombre más actualizado: "Dragón Ciego".

El chino es un idioma de homónimos; los nombres y las palabras constantemente evocan portentos y símbolos que los chinos temen se hagan realidad. Por ejemplo, una pareja recién casada que vivía en una zona de los Nuevos Territorios, tenía un apellido que originalmente se traducía como "árboles mellizos". A través de años de mala pronunciación británica del cantonés sonaba más parecido a "amantes separados" o, aún peor, "cadáveres mellizos". Un experto en feng shui aconsejó a esta pareja que se mudara, pues temía por sus vidas y su matrimonio.

Históricamente, los nombres de lugares siempre causaron problemas a los occidentales. Cuando los británicos quisieron instalar líneas de telégrafo que unían Hong Kong y Kowloon con Cantón, los habitantes del extremo cantonés no se mostraron muy satisfechos con este avance. Dijeron que los cables del telégrafo iban a marcar el declive de Cantón y traer un posible desastre. Según ellos Cantón, llamada la Ciudad de los Carneros, sería atado y conducido por las líneas de telégrafo, parecidas a traíllas, hasta las bocas de nueve dragones hambrientos (Kowloon).

Hasta la Asociación Turística de Hong Kong adjudica al nombre chino de Bruce Lee, el extinto rey de películas de kung fu, su muerte prematura en 1973. En la época de su muerte, Lee, cuyo nombre chino era Lee Shao-lung, "Pequeño Dragón", vivía en un suburbio de Hong Kong llamado Kowloon Tong, "Laguna de los Nueve Dragones". Un comunicado de prensa de la Asociación Turística informa: "De haber consultado a un maestro de feng shui antes de mudarse, es probable que éste le hubiera advertido sobre las consecuencias de desafiar el destino. Pues en la supervivencia mitológica del más apto, el pequeño dragón finalmente debe ceder al poder combinado de las nueve criaturas adultas que dominan la laguna legendaria".

Hay quienes aseguran que Lee estaba al tanto del mal feng shui, y buscó repelerlo colgando un espejo ba-gua octogonal en la parte exterior de su puerta principal. Pero dicen que el espejo fue volado durante un tifón poco antes de la muerte del actor, dejándolo sin defensas contra lo inevitable.

Los chinos dedicaron mucho tiempo para elegir el nombre de una capital. La primera capital del imperio chino, Chang-an, "larga paz", duró casi un milenio.

Anexo 3

LOS NÚMEROS

Para los chinos, como para otras culturas, los números poseen poderes mágicos. Los poetas del renacimiento, como Edmund Spenser, componían poemas líricos y sílabas según esquemas numerológicos para dar una sensación inconsciente de armonía al lector. En occidente tenemos los tres deseos de los cuentos de hadas, la Trinidad Cristiana, y los poderes restauradores sagrados de las pirámides (cuatro triángulos). El siete y el nueve son números que también se repiten en las ceremonias mágicas de todo el mundo.

Como en occidente, los chinos tradicionalmente empleaban lo que ellos consideraban números propicios en su arquitectura. Por ejemplo, en un capítulo sobre "Artesanía de Construcciones" en *Rites of Chou*, un libro sobre las prácticas rituales de la dinastía Chou, la repetición de números especialmente propicios santificaba aún más una ciudad capital. "La capital medirá nueve *li* (una milla china) de cada lado, y a cada lado habrá tres puertas. Dentro de la ciudad, habrá nueve calles de norte a sur y nueve de este a oeste. Las calles de norte a sur acomodarán nueve vías de carrozas"[6].

Otros ejemplos arquitectónicos van desde el palacio imperial en Beijin, que se basa en "cuadrados mágicos", hasta el Templo del Cielo (*Ming Tang*, que se traduce literalmente como "casa cósmica"), que tiene escalones construidos según variables de tres y de nueve.

Los chinos eran muy minuciosos al medir y construir sus templos según los estrictos cálculos numerológicos de los geománticos. Los cálculos erróneos, ellos creían, pondrían en peligro no sólo los poderes sagrados sino también la suerte del adorador; algunos templos fueron abandonados debido a pequeños errores del gobernante.

El "nueve" y el "uno" son los números chinos más auspiciosos. El nueve connota abundancia, al ser el número mayor. Uno significa el comienzo, el nacimiento.

Los chinos en Hong Kong y Taiwan interpretan más significados en los números que en la magia tradicional. Los sonidos de los números, como el de los nombres, se asocian con otros significados. Los homónimos agregan un significado especial a los números chinos. Un paralelo podría darse si los norteamericanos empezaran a identificar la palabra *won* (ganó) con el símbolo *one* (uno).

6 David Lung, "Heaven, Earth and Man". Tesis de Maestría, Universidad de Oregon, 1978.

Esta práctica se extiende a muchas áreas de la vida en Asia. Un artista de Hong Kong eligió una fecha de apertura para su exhibición de pintura, debido a que los números sumados daban nueve, que en mandarín significa "larga vida". Un agente de bienes raíces no podía vender unas oficinas en un complejo multimillonario debido a que terminaban en cuatro, que en cantonés suena como "morir". Los compradores chinos especialmente rehuyen el número 424: "morir y volver a morir".

Anexo 4

LA ASTROLOGÍA CHINA

Hacer lo correcto, ya sea mudarse a una casa u oficina, organizar un funeral o casarse, en el momento correcto, resulta fundamental para los chinos. Algunos ejecutivos no dan conferencias de prensa, ni rompen terreno para construir ni viajan al exterior a menos que el momento sea propicio. Para determinar el día y la hora correctos para un evento, los chinos de todo Asia recurren a un experto en feng shui o a un adivinador, o consultan un almanaque que ofrece no sólo evaluaciones del futuro sino también datos útiles sobre temas tales como agricultura o lectura de rostro. Los expertos en feng shui y los adivinadores pueden cobrar desde un par de dólares para asesorar sobre días propicios para viajar hasta cientos de dólares por una fecha para empezar a construir. Con mucha frecuencia los chinos lo hacen por sí solos, con la ayuda de un almanaque. Un empleado chino-norteamericano del Departamento de Estado dijo que su esposa consulta el almanaque para saber cuándo debe hacer una oferta por una casa o cuándo vender su auto. "Es sorprendente", comenta él. "La situación siempre nos favorece".

Todo esto se relaciona, por supuesto, con la astrología china. En una época los casamientos se arreglaban según las fechas de cumpleaños complementarias. Todavía en la actualidad, algunos chinos prestan atención a la afinidad astrológica de sus parejas. A diferencia de la astrología occidental, que hace hincapié en los meses, el método chino está basado en los doce años animales del calendario lunar chino. Cada año representa un animal, que otorga determinadas características generales a quienes nacieron en ese período.

La Rata (1900, 1912, 1924, 1936, 1948, 1960, 1972, 1984) posee atributos, desde simpatía y buen humor hasta honestidad y meticulosidad. Los chinos dicen que quienes nacieron en estos años son consejeros buenos y sabios, pero nunca pueden decidir por sí mismos, y cambian de dirección constantemente. Sin embargo, a veces las ratas ansían el poder y el dinero, llevando a algunos a ser jugadores, y a otros a ser manipuladores o mezquinos. Su codicia puede llevarlos a una trampa destructiva.

El Buey (1901, 1913, 1925, 1937, 1949, 1961, 1973, 1985) trabaja duro, es paciente y metódico. Estas personas son felices ayudando a los demás. Detrás de este exterior tenaz, laborioso y altruista, se esconde una mente activa. Mientras que su equilibrio y fuerza inspiran confianza, los bueyes pueden parecer rígidos, tercos y lentos. Deben trabajar largas horas para conseguir poco. Los chinos dicen que la época del año y el día en que nace un buey es importante para determinar su estilo de vida. Una mujer en Hong Kong se jactaba de que ella siempre iba a estar protegida financieramente, con un mínimo esfuerzo de su parte, pues ella había nacido una noche de invierno. Los bueyes tienen poco que hacer durante los meses de invierno, explicaba la mujer, debido a que el calor del verano y la cosecha del otoño terminó y el granjero debe alimentar y mantener calientes a los bueyes para que éstos puedan tener fuerza suficiente para la siembra de primavera. Sin embargo, los bueyes nacidos durante los meses agrícolas, están condenados a una vida de trabajo duro.

El Tigre (1902, 1914, 1926, 1938, 1950, 1962, 1974, 1986) es valiente, activo y seguro de sí mismo; es un líder excelente y protector; los tigres atraen seguidores y admiradores. Pero por más liberales que puedan ser los tigres, son apasionados, arriesgados y resisten la autoridad de otros. Los chinos dicen que los tigres nacidos de noche serán especialmente inquietos, porque durante la noche es cuando buscan comida. Los occidentales llaman a una mujer especialmente impetuosa "mujer dragón", pero los chinos se refieren a ella como "mujer tigre". Y por esta razón los chinos evitan tener hijos el Año del Tigre, por miedo a tener una hija mujer.

El Conejo (1903, 1915, 1927, 1939, 1951, 1963, 1975, 1987) es rápido, inteligente y ambicioso, pero rara vez termina lo que comienza. El conejo es una criatura social, diplomática, tranquila y sensible a los demás. Sin embargo, dicha calma puede tornarse distante; su sensibilidad puede ser superficial y susceptible, y su inteligencia puede volverse diletante. El conejo es afortunado: con cerebro y sólo un poco de trabajo duro, puede llegar lejos.

El Dragón (1904, 1916, 1928, 1940, 1952, 1964, 1976, 1988), para los chinos, nace en el año más deseable. La familia imperial adoptó el símbolo del dragón todopoderoso como insignia real. Poseedor de poderes mágicos, el versátil dragón es capaz de volar hasta las alturas más celestiales y bucear hasta lo más profundo del mar. Por un lado astuto, saludable y lleno de vitalidad, el dragón posee asimismo un costado místico, intuitivo, artístico y extrañamente afortunado. No obstante, los dragones pueden caer muy bajo, tornándose irritables, tercos e impetuosos. La atracción mística del dragón puede tornarse demasiado sobrenatural, haciéndose difícil acercarse a él/ella. La vida amorosa poco satisfactoria del dragón lo lleva a una serie de amores y matrimonios.

La Serpiente (1905, 1917, 1929, 1941, 1953, 1965, 1977, 1989) en Asia prefiere llamarse a sí misma "pequeño dragón", indicando que también éste es un año afortunado. Las serpientes son sabias, filosóficas, tranquilas y comprensivas. Son receptivas y físicamente atractivas, y con frecuencia veleidosas. El éxito y la fama vienen con facilidad a las serpientes. Si están enojadas, escupen veneno y pueden ser egoístas. Pueden ser perezosas e indulgentes consigo mismas. Su innata elegancia puede a veces resultar ostentosa.

El Caballo (1906, 1918, 1930, 1942, 1954, 1966, 1978, 1990), seductor y simpático, es un personaje muy atractivo. Muy trabajador, dueño de sí mismo e inteligente, el caballo habilidosamente adquiere poder, riqueza y respeto. No obstante, la franqueza del caballo, que a veces es apreciada, puede resultar imprudente. La búsqueda del éxito, impaciente, por parte del caballo puede tornarse egoísta y depredadora. Los caballos pueden ser obstinados.

El Carnero (1907, 1919, 1931, 1943, 1955, 1967, 1979, 1991), dotados de inteligencia innata y talento artístico, tendrán mucho éxito en los negocios. Estas personas son bondadosas y altruistas. No obstante, sus éxitos se limitan al dinero; en asuntos familiares fracasan. Pueden ser un tanto insulsos, indisciplinados e irresponsables, y por momentos muestran un aspecto displicente y misantrópico.

El Mono (1908, 1920, 1932, 1944, 1956, 1968, 1980, 1992) es vivaz, simpático e ingenioso. Inventivo e inteligente, los nacidos en estos años pueden solucionar la mayor parte de los problemas con rapidez y eficacia, y son capaces de muchos logros en los negocios. Sin embargo, con frecuencia los monos son demasiado inteligentes y pueden tornarse muy vivos, oportunistas e inescrupulosos hasta el punto de ser tramposos y manipuladores. Tienden a la pereza, se concentran en asuntos pequeños e ignoran temas más importantes.

El Gallo (1909, 1921, 1933, 1945, 1957, 1969, 1981, 1993), trabajador, ingenioso y talentoso, es una persona segura de sí misma. A diferencia del estereotipo occidental de la gallina, el gallo chino es valiente. En grupos son vivaces, divertidos y populares. Pero lo gallos pueden ser un tanto engreídos, se pavonean con desfachatez, cosa que puede resultar irritante para parientes y amigos cercanos.

El Perro (1910, 1922, 1934, 1946, 1958, 1970, 1982, 1994) es un amigo fiel, honesto y valiente, posee un profundo sentido de justicia e inspira confianza. Estas personas tienden a ser magnánimas y prósperas, pero también pueden ser tenaces, cautelosas y ponerse a la defensiva. Alcanzan sus objetivos rápidamente. Pero el perro en realidad nunca se relaja. Pese a una aparente calma y descanso, su corazón y su mente están siempre activos.

El Cerdo (1911, 1923, 1935, 1947, 1959, 1971, 1983, 1995) es sensible, cariñoso e indulgente. No sólo inteligentes y cultos, los cerdos también tienen una veta obscena y terrenal. Sus varios caprichos pueden tender a la glotonería. A diferencia de los cerdos maquiavélicos y conspiradores de *Rebelión en la granja*, los cerdos chinos tienden a ser impotentes e inseguros. Durante épocas abundantes de repente pierden cuanto tienen y son incapaces de defenderse, y mucho menos de atacar a los demás. Los cerdos, por lo general, son afortunados pero perezosos.

Los chinos diseñaron diagramas de compatibilidades maritales aproximadas:

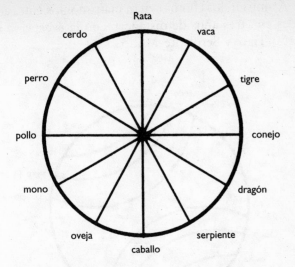

Malos matrimonios.

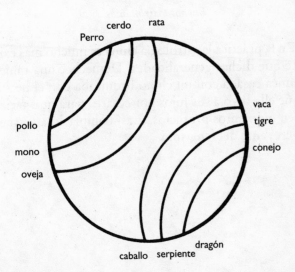

Asimismo los chinos evitan matrimonios entre animales con tres años de distancia, con la excepción de Cerdo-Tigre y Serpiente-Mono.

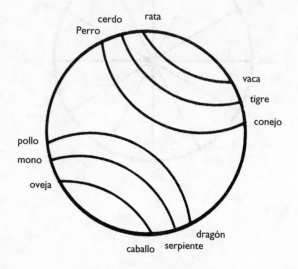

Buenos matrimonios.

En la práctica la astrología china es mucho más exigente que dichas generalidades. De hecho, una mujer británica casada con un chino bromeaba con el hecho de que ella tuvo a sus hijos por cesárea para que nacieran en momentos propicios, y así complació a su suegra, creyente del feng shui.

Anexo 5

LOS CINCO ELEMENTOS

Los chinos esperan mejorar su chi y su destino a través del estudio de sus cinco elementos. De la interacción de yin y yang se producen cinco manifestaciones de chi: madera, tierra, fuego, agua y metal. Al igual que yin y yang y chi, los cinco elementos no son sustancias físicas sino poderes o esencias que describen todas las materias y sus atributos. Los chinos asocian dichos elementos con el tiempo, el espacio, la materia, los sentidos, los colores y los estados psicológicos. Por ejemplo, asignaron el elemento madera a la primavera, al color verde y al este. El fuego anunciaba el verano, el sur y el rojo. La tierra, situada en el centro, era mitad de otoño y amarillo. El metal es otoño, blanco y el oeste. Mientras que el agua gobierna el negro (cuanto más profunda el agua, más negra), el norte y el invierno.

Los cinco elementos ejercen efectos relativos entre sí, creándose y destruyéndose en una sucesión fija. El ciclo de desarrollo se produce del siguiente modo: el fuego produce la tierra (ceniza); la tierra produce metal (minerales); el metal crea agua (aunque el agua oxida el metal, este orden se origina de la observación de que, cuando el agua está en un recipiente de metal, se forma agua en el exterior del recipiente); el agua alimenta la madera (los árboles necesitan agua para crecer), y la madera ayuda al fuego. La cadena de destrucción es la siguiente: la madera daña la tierra; la tierra obstruye el agua; el agua destruye el fuego; el fuego derrite el metal; el metal corta la madera.

El chi humano puede dividirse en madera, tierra, metal, agua y fuego. Lin Yun dice que la naturaleza de cada persona posee cantidades variables de estos elementos naturales correspondientes. Cada uno de los cinco elementos humanos, dice, pueden dividirse en setenta y dos tipos o cantidades diferentes.

Cada uno posee los cinco elementos[7]. Si una persona es deficiente en un elemento, no es necesariamente mala. Primero deben estudiarse los demás elementos para ver si están bien equilibrados. La situación ideal es el punto medio, no tener ni mucho ni poco de un elemento. En una escala del uno al setenta y dos, el promedio, treinta y seis, es la mitad, la más armoniosa de las naturalezas. Pero si

7. La creencia china tradicional dice que los varones poseen una combinación de los cinco elementos, pero que las mujeres deberían carecer siempre de un elemento. Si una mujer posee los cinco elementos, no podrá tener hijos.

una persona tiene mucho o muy poco de un elemento, no tiene ni buena ni mala connotación; simplemente hay que considerar todos los elementos en su relación recíproca.

El elemento madera, por ejemplo, representa el ideal confuciano de benevolencia, lealtad y perdón. Si una persona posee sólo un poco de madera, es como una hoja flotando en un lago. Cuando el viento sopla del este, va hacia ese lado, y cuando sopla el viento del oeste, va hacia ese otro lado. Se la influye con facilidad. Cualquier cosa que escuche, está de acuerdo y la repite. No tiene opinión propia.

Una persona con madera tipo treinta y seis es como un árbol en crecimiento: bajo la influencia del viento sus hojas se agitan, es decir, en las cosas pequeñas es flexible, se dobla pero también tiene raíces. Cuando otros opinan, él escucha, considera todos los aspectos y después toma su propia decisión. Si tiene mucha madera, es como un árbol viejo y robusto. Cuando el viento sopla, él no se mueve. No escucha a los demás (sólo a sí mismo). Puede ser tan inflexible que, bajo un fuerte tifón, podría quebrarse. Tiene prejuicios y simplemente no es capaz de aprender de los demás. No importa cuánto tiempo la gente le hable, él seguirá en la misma posición.

El metal, que también se traduce como oro, representa la rectitud. Las personas con poco metal rara vez hablan, son muy meticulosas y cuidadosas, parecen distantes y arrogantes, extrañas y aisladas. La poca cantidad de metal también puede ser la esencia de una persona muy independiente. Una persona que posee el término medio de metal es justa, habla la cantidad correcta, y siempre dice lo correcto y apropiado. Si alguien está equivocado, ella criticará, pero sin exagerar.

En contraste, la persona con mucho metal tiende a ser injusta y farisaica, y aprovecha cualquier oportunidad para murmurar, criticar y meter la nariz en los problemas de los demás. Es disputadora y propensa a las quejas. Por otro lado, puede luchar por sus principios, ayudar y cuidar a los demás. En Hong Kong, cuando una mujer muy charlatana se detuvo en mitad de su monólogo maratónico para preguntarle a Lin Yun sobre sus cinco elementos, éste respondió con una sonrisa pícara: "Ah, tiene una cantidad excesiva de oro/metal". Esto satisfizo el aspecto farisaico de la mujer, y divirtió a los aburridos y fastidiados iniciados que habían escuchado el soliloquio.

El fuego es el elemento de sabiduría, razón y etiqueta. Cuando está enojada (literalmente, "cuando produce chi"), la persona que tiene poco fuego se traga su orgullo (chi) sin expresarse. Cuando se la critica, no habla ni pide pruebas ni se defiende. Es mansa, con poca pasión excepto para compadecerse a sí misma. La ira de la persona promedio está basada en el principio y en la lógica. Sabe cómo y cuándo intervenir, pero una vez que termina de expresar su opinión crítica, se detiene. La persona con la máxima cantidad de fuego puede incendiarse sin razón. Puede ser gritona, irrazonable, desatenta y muy crítica de los demás.

Una persona con poca tierra, el elemento asignado a la honestidad y a la fe, será oportunista y mezquina. Con facilidad examinará una situación determinada y la utilizará en su ventaja. Tiene buen ojo para las buenas oportunidades. Puede ser narcisista, egoísta e ingeniosa. Puede ser morosa y tramposa, siempre en busca de la manera más fácil. Las personas con una cantidad media de tierra son honestas y confiables, muy francas y útiles a los demás. Las personas con mucha tierra son como nuestros campesinos: torpes, chapados a la antigua y fuera de moda. Aunque pueda hacerse algo para mejorar una situación o ayudarse a sí mismos, tienen miedo de arriesgarse porque la gente podría criticarlas, así que conservan sus antiguas costumbres. No obstante, les gusta ayudar a los demás hasta el punto de ser abnegadas.

Lin Yun explica:

Tres amigos, uno con poca tierra, otro con cantidad media y otro con mucha tierra, van a un restaurante. Los dos primeros tienen diez dólares cada uno, mientras que el último sólo tiene cinco. Cuando llega la cuenta, el que tiene poca tierra dirá que sólo tiene cinco, el siguiente le ofrecerá pagar la diferencia y el tercero propondrá invitarlos a todos, aunque tenga poco dinero.

Lin Yun divide el agua: elemento de reflexión, motivación y contactos sociales, en viva (o fluida) y muerta (o quieta). Cada persona tiene ambos tipos. El agua fluida es el empuje y la eficiencia de una persona en la sociedad. El agua muerta refleja la claridad mental de una persona. Lin Yun identifica siete de los setenta y dos tipos posibles de agua fluida.

De la variedad fluida, la cantidad más pequeña es el agua de valle, que cae a gotas desde una montaña pequeña y luego desaparece (se evapora o se filtra en una cueva o grieta) antes de llegar al nivel del suelo. Estas personas son agorafóbicas, no les gusta salir y se sienten inseguras en los espacios abiertos. Prefieren pasar tiempo en el campo, cerca de vistas familiares de su casa. También les resulta difícil mezclarse en sociedad.

El segundo tipo de agua fluida es la fuente, que surge del piso y aparenta ser sugestiva, fuerte y controlada. Pero en realidad el agua de la fuente se eleva sólo para volver a su estanque y volver a subir. Estas personas se la pasan corriendo, gastan mucha energía pero no van a ninguna parte. Habitualmente van a la oficina, a trabajar, y vuelven a sus casas. Lin Yun caracterizó a una ex actriz muy vivaz como una fuente. Todos los días ella realizaba con energía diversas tareas para su familia, entretenía a los socios y amigos de su marido y terminaba el día sintiéndose cansada e insatisfecha, sólo para repetir su rutina al día siguiente.

El siguiente tipo es el arroyo, cuya actividad es mayor y cuyo progreso puede serpentear pero finalmente tiene dirección. Cuando se enfrenta con un obstáculo el arroyo puede retroceder durante un breve intervalo, pero siempre encuentra un modo de sortearlo y continuar su curso.

Los ríos (el término medio) son todavía más poderosos y directos. Disfrutan de contactos sociales y de actividad más amplios y sin obstáculos: visitan y hacen amistades durante las vacaciones.

El río grande tiene mucho empuje, pero puede inundar las costas o arrastrar cosas en su camino, a veces dejando un caos detrás sin sentirse afectado. Siempre realiza las tareas con eficiencia. Es el prototipo de la persona agresiva.

El mar tiene una red de conexiones en todo el mundo y viaja mucho, afectando personas de diferentes países y diferentes estilos de vida. Es la vida de un miembro del jet-set, o de una criatura social y política.

El océano, aunque posee mareas altas y bajas, pertenece a cualquier costa. Es impredecible, va en todas direcciones, pero es atractivo: todos los ríos fluyen hacia él.

El primer tipo de las setenta y dos variedades de agua quieta, dice Lin Yun, es el agua de pozo, con visión limitada y sin actividad de pensamiento: una mente estancada. El segundo tipo es agua de cloaca: una persona con ideas poco claras, que se aferra a opiniones erróneas y es contaminada por fuentes exteriores.

El tercer tipo es agua agitada, la evaluación de las cosas de una persona inestable e histérica. El cuarto tipo es agua fangosa, o alguien con una comprensión innata pero que es inarticulada y poco clara. El agua de estanque, por otra parte, conoce claramente lo que se aprende y no es instintiva. Una persona con agua de laguna puede tener una comprensión clara en su casa, pero cuando ingresa en la sociedad sus pensamientos se ven corrompidos por calles cercanas (ideas), que producen interpretaciones erróneas y decisiones pobres. El agua de lago representa el conocimiento puro. Cuando el sol y la luna se elevan y se ponen, el medio del lago muestra sus reflejos. A medida que ocurren las cosas, las personas se ven reflejadas en ellas como en un espejo. Él sabe con claridad qué ocurre y puede intuir la esencia de las personas y las cosas a su alrededor.

El misticismo tántrico de Lin Yun ofrece soluciones para regular y desarrollar los cinco elementos. Debido a que los cinco elementos son en realidad cinco manifestaciones diferentes de chi, las soluciones son ejercicios y símbolos para dejar que el chi se adapte a la distribución más equilibrada. Los ejercicios son los mismos para ambas cantidades: mucho y poco de un elemento. Las soluciones que ofrece Lin Yun no son necesariamente las más lógicas (para que estas curas funcionen, dice él, deben ser transmitidas en forma oral después de que el experto en feng shui ha recibido un sobre rojo ceremonial). Cuando las personas con mucho metal son demasiado charlatanas, lógicamente les pediremos que hablen menos. Pero Lin Yun sostiene que dicho método es sólo cosmético. Para un mejor resultado el charlatán debería hacer ejercicios de respiración. "Es un problema bucal", expresa. "Así que uno respira por la boca. A la mañana, cuando usted se levanta, primero inhale, pero no suelte, una gran bocanada de aire, y después exhale con nueve resoplidos cortos. La última exhalación debe ser la más larga. Haga esto nueve veces durante nueve días o veintisiete, si es necesario".

Para mucha o muy poca madera, Lin Yun aconseja, cada mañana, justo después de levantarse, dar a la cama tres o cuatro sacudones. Hacer esto durante nueve días.

Para el desequilibrio de tierra, se debe encontrar un lunar en el cuerpo que esté más cerca del corazón. Entonces, durante nueve días, al levantarse, frotar una loción cosmética sobre el lunar, haciendo masajes circulares el mismo número de años que su edad.

Para equilibrar el fuego, se debe usar algo suave sobre el cuerpo. Lin Yun sugiere gamuza, seda o jade: la textura del jade es fresca y suave. Usar ese objeto hasta el cumpleaños siguiente.

Para equilibrar el agua, Lin Yun prescribe una suerte de cadena de cartas para controlar o profundizar la red personal de amistades, la propia actividad y la cantidad de contactos sociales y discernimiento. Durante nueve o veintisiete días, se debe reunir o contactar, por escrito, llamado telefónico o encuentro, con nueve amigos nuevos.

La práctica china tradicional es más literal. En Hong Kong, un hombre rico e inteligente descubrió, después de consultar a un adivinador/experto en feng shui durante un rato libre en sus negocios, que tenía poco fuego. Para corregirlo, dispuso en su sala de recibo un altar con la imagen de un dios de fuego, iluminada por una bombilla eléctrica roja. Supuestamente, hasta el día de su muerte la mantuvo encendida y sus negocios siempre prosperaron.

Los antídotos para los otros cinco elementos son todavía más gráficos. Un antiguo residente de Hong Kong explicó:

Si usted tiene poca madera, compre una puerta o una cama de madera. Si tiene poco agua, coloque una pecera con peces o un recipiente con agua en su dormitorio y oficina. (El agua es especialmente importante para los hombres de negocios, porque agua equivale a dinero). Si tiene poca tierra, entonces debe estar más cerca del suelo, no vivir en un piso alto ni en una torre. Elija una cabaña con cimientos cerca de la tierra y tenga muchas macetas llenas de tierra y plantas. Si tiene poco oro, bueno, eso es fácil: use cosas de oro.

El chi de todo el mundo reacciona frente a un color. Sin embargo, no todos los colores afectan a todos de la misma manera. Algunos colores realzan el aura de una persona y otros lo disminuyen.

Para evaluar el mejor color de una persona, primero debe analizarse su chi para discernir su elemento fuerte: tierra, fuego, agua, metal, madera. Los cinco elementos representan colores: la madera es azul/verde, el fuego es rojo, la tierra es amarilla/marrón, el metal es blanco, el agua es negra. Estos colores siguen los ciclos de los cinco elementos de crecimiento y destrucción mutuos. Una vez que se descubre el elemento, se debe utilizar el ciclo de desarrollo para ver el color de qué elemento lo realza. Por ejemplo, las personas con mucha madera deben usar negro (el color del agua), mientras que el blanco (el color del metal) por lo general será malo para la suerte. Una persona con mucha agua debe usar blanco y evitar el amarillo (el color de la tierra). Lo anterior también puede aplicarse a edificios y diseño de interiores. Lin Yun dice que la suerte de los Estados Unidos podría mejorar mucho si se plantaran flores amarillas alrededor de la Casa Blanca.

BIBLIOGRAFÍA

Ayscough, Florence. *A Chinese Mirror*. Boston: Houghton Mifflin, 1925.

Bleibtreu, John. *The Parable of the Beast*. Nueva York, The Macmillan Company, 1968.

Boyd, Andrew. *Chinese Architecture and Town Planning 1500 B.C. – A.D. 1911*. Chicago, University of Chicago Press, 1962.

Burkhardt, V.R. *Chinese Creeds and Customs*. 3 vols. Hong Kong, n.d.

Capra, Fritjof. *The Tao of Physics*. Nueva York, Bantam Books, 1977.

De Bary, Wm. Theodore, ed. *Sources of Chinese Tradition*. 3 vols. Nueva York y Londres, Columbia University Press, 1970.

Edkins, Rev. Joseph. *Chinese Buddhism*. Londres, 1893. Reimpresión. Nueva York, Paragon, 1968.

Eitel, Ernest. *Feng Shui: or the Rudiments of Natural Science in China*. Hong Kong, 1873.

Eliade, Mircea. *The Sacred and the Profane.* Traducido por Willard R. Trask. Nueva York, Harcourt, Brace, 1959.

Feng Yu-lan. *A Short History of Chinese Philosophy.* Traducido y compilado por Derek Bodde. Nueva York y Londres, The Macmillan Company, 1948.

____. *The Spirit of Chinese Philosophy.* Traducido por E.R. Hughes. Boston, Beacon Press, 1967.

Feuchtwang, Stephan D.R. *An Anthropological Analysis of Chinese Geomancy.* Vientiane, Laos, 1974.

Frazer, James George. *The Golden Bough.* Nueva York, The Macmillan Company, 1951.

Graham, David Crockett. *Folk Religion in Southwest China.* Washington, D.C., Smithsonian Institution Press, 1961.

Hawkes, David. *A Little Primer of Tu Fu.* Nueva York, Oxford University Press, 1967.

Hitching, Francis. *Earth Magic.* Nueva York, William Morrow, 1977.

I Ching, or Book of Changes, The. 2 vols. Traducidos por Richard Wilhelm, al inglés por Cary F. Baynes. Princeton, N.J., Princeton University Press, 1950.

Keswick, Maggie. *The Chinese Garden.* Nueva York, Rizzoli, 1978.

Korda, Michael. *Power!* Nueva York, Random House, 1975.

Lee, Sherman. *Chinese Landscape Painting.* Nueva York, Harper & Row, 1971.

Lip, Evelyn. *Chinese Geomancy.* Singapur, 1979.

Liu, Wu-chi, y Yucheng Lo, Irving. *Sunflower Splendor.* Bloomington, Ind., University of Indiana Press, 1975.

Lung, David. *Heaven, Earth and Man.* Eugene, Oregon, 1978.

MacFarquhar, Roderick. *The Forbidden City: China's Ancient Capital.* Nueva York, Newsweek, 1978.

MacKenzie, Donald. *Myths of China and Japan.* Londres, Gresham Publishing, 1939.

Meyer, Jeffrey I. *Peking as a Sacred City.* South Pasadena, California, El Langstaff, 1976.

Needham, Joseph. *The Shorter Science and Civilization in China.* 2 vols. Cambridge, Inglaterra, Cambridge University Press, 1980.

Plopper, C.H. *Chinese Religion Seen Through the Proverbs.* Nueva York, Paragon, 1969.

Reischauer, Edwin O., y Fairbank, John K. *East Asia: The Great Tradition.* Boston, Houghton Mifflin, 1960.

Saso, Michael. *Taoism and the Rite of Cosmic Renewal.* Pullman, Washington, Washington State University Press, 1972.

225

Sickman, Laurence, y Soper, Alexander. *The Art and Architecture of China.* Nueva York, The Viking Press, 1978.

Sullivan, Michael. *Arts of China, The.* Edición revisada. Berkeley, Los Angeles, y Londres, University of California Press, 1979.

Village at Solar Ecology, The. East Falmouth, Massachusetts, The New Alchemy Institute, 1980.

Waley, Arthur. *The Analects.* Nueva York, The Macmillan Company, 1938.

_____. *The Book of Songs.* Nueva York, Grove Press, 1978.

_____. *Translations from the Chinese.* Nueva York, Alfred A. Knopf, 1941.

_____. *The Way and Its Power.* Nueva York, The Macmillan Company, 1958.

Watson, Burton, trad. *Cold Mountain: 100 Poems by Han-Shan.* Nueva York, Grove Press, 1962.

White, Suzanne. *Suzanne White's Book of Chinese Chance.* Nueva York, M. Evans, 1978.

Woolf, Virginia. *A Room of One's Own.* Nueva York y Londres, Harcourt, Brace & World, 1957.

Yang, C.K. *Religion in Chinese Society.* Berkeley y Los Angeles, University of California Press, 1967.

Yoon, Hong-key. *Geomantic Relationships Between Culture and Nature in Korea.* South Pasadena, California, E. Langstaff, 1976.

INDICE

SARAH ROSSBACH

El arte del Feng Shui
Cómo diseñar el espacio para armonizar la energía

Durante milenios la civilización china ha meditado sobre la relación entre el universo y la vida humana. De allí surge el concepto del *feng shui,* según el cual todo cambio, ya sea cósmico o atómico, resuena dentro de nosotros. Esta antigua sabiduría de la geomancia o ubicación de las cosas —que en Asia es tenida en cuenta incluso por arquitectos célebres al construir rascacielos— se difunde hoy como reguero de pólvora en Occidente.

El arte del feng shui enseña a disponer los edifiicos, habitaciones y muebles a fin de armonizarlos con la naturaleza y el entorno y crear así un ambiente próspero y saludable. Bajo la supervisión del profesor chino Lin Yun, *Sarah Rossbach* explica los conceptos básicos del *feng shui* y brinda ejemplos concretos para su aplicación. Esta interesante guía se dirige tanto a decoradores y arquitectos como a todo aquel que busca optimizar su energía, su creatividad y, en definitiva, su calidad de vida.

Sarah Rossbach y Lin Yun

Feng Shui
y el arte del color

Bien aplicado, el color tiene el poder de restaurar o reavivar la energía, el equilibrio y el bienestar de la casa y de nuestra vida. Para el arte chino del *feng shui,* sistema de ubicación de las cosas en el espacio cuya simplicidad y buen criterio ecológico han captado numerosos adeptos en Occidente, los colores son una clave fundamental.

Sarah Rossbach y *Lin Yun,* reputados introductores del feng shui en la cultura occidental, ofrecen ahora esta guía ilustrada para el buen uso del color en todos los ámbitos de la vida: el hogar, el jardín, la vestimenta, la comida, el medio ambiente, la salud e, incluso, la predicción de la fortuna.

El lector puede encontrar aquí no sólo respuestas a las preguntas más comunes sobre el color, sino también reglas para una vida armoniosa basada en la sabiduría milenaria del Tao.